79타의 비밀

지피지기 백전불태

Kevin Park Golf School

知彼知己　百戰不殆

자연과 코스의 질문을 이해한다.
나의 마음은 내 마음대로 안 된다는 것을,
나의 몸은 실수할 수 있음을 인정한다.
그러면 79타를 치는 동안 위태함이 없다.

비밀발설자 : 박경호 Kevin Park

서울대 경제학과 졸업, 행정고시 합격, 농림부 사무관, BCG 경영컨설턴트, 그리고 미국 골프대학으로 유학. 왜 그랬을까? 그냥 골프가 좋아서라고 해 두겠습니다.

귀국하여 골프학교를 열었습니다. Kevin Park Golf School. 많은 분들이 각자의 이유를 가지고 학교를 찾아 오셨습니다. 입문하시는 분들도 있었습니다. 대부분은 안정적인 90대를 원했습니다. 70대 점수에 도전하시는 분들도 꽤 있었습니다.

"교장쌤, 제 점수는 왜 항상 80대 초반일까요?" "79타를 기록하려면 망한 홀이 없어야 합니다. 혹시 트리플보기 있나요?" "꼭 한두개씩 있죠" "주로 어떤 상황이죠?" "파5홀에서 2on 노리다가 OB나서 망하죠." "2on 성공확률이 높나요?" "아뇨" "그런데 왜 2on을 노리죠?" "그러게요... 제가 왜 그랬을까요?" "다음 라운드에서는 파5홀 두 번째 샷은 무조건 아이언으로 해 보실래요?" "네"

그렇게 상담을 마치고, 다음주에 문자를 받았습니다. "교장쌤, 저 오늘 76타요^^" 아무런 훈련도 없었고, 기술적 변화도 없었는데, 도대체 뭐가 달라져 70대 점수를 기록한 것일까요?

안녕하세요?
박경호입니다.
이 학교에서는 저를
"교장쌤"
이라 부릅니다.

1장. 79타란 무엇인가

2장. 경기운영이란 무엇인가

3장. 멘탈게임이란 무엇인가

4장. 구찌란 무엇인가

5장. 필드훈련이란 무엇인가

6장. 나머지 이야기들

1. 79타란 무엇인가?

36번의 스윙을 합니다.
파3 1타 x 4홀, 파4 2타 x 10홀, 파5 3타 x 4홀
그 와중에 1개의 실수, 즉 벌타나 벌타성 타구가 발생합니다.
결과적으로 9개의 그린을 맞히고, 9개의 그린을 놓쳤습니다.

그린을 맞힌 9개의 홀에서 1퍼팅 한번, 3퍼팅을 두번 합니다.
그래서 1개의 버디, 6개의 파, 2개의 보기를 기록합니다.

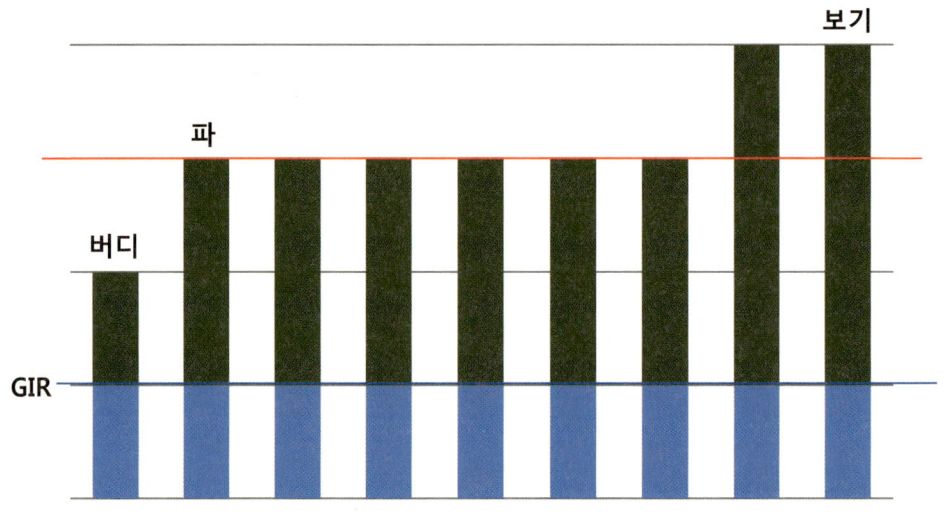

그린을 맞히지 못한 9개의 홀에서 한번의 웨지샷으로 모두 그린에 올라왔습니다. 9개의 웨지샷이 추가됩니다.

그 중 4개의 홀에서 1번의 퍼팅으로 파를 잡아냅니다.

나머지 5개의 홀은 2번의 퍼팅으로 마무리 합니다.

버디 1개 + 파 10개 + 보기 6개 + 더블보기 1개 = 79타
스윙 36타 + 실수 1타 + 웨지 9타 + 퍼팅 33타 = 79타

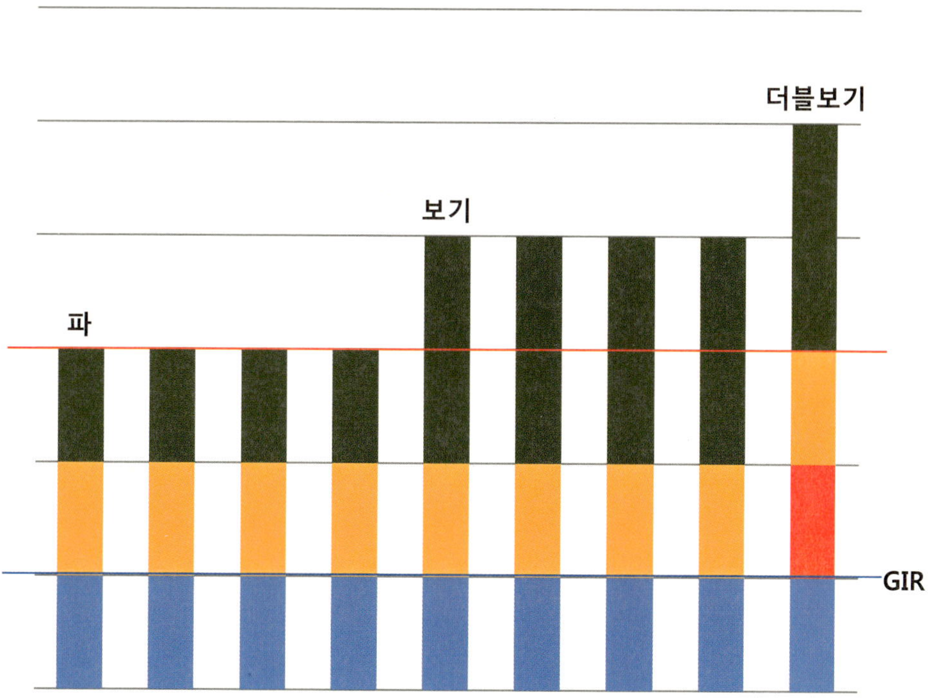

카카오VX가 제공하는 '골프다이어리'의 통계자료를 분석한 결과입니다. 한국인들이 한국의 골프장에서 입력한 703개의 데이터를 분석했습니다. 순수한 한국형 79타의 모습입니다.

미국형 79타와는 어떤 차이가 있을까요? **[웨지의 비밀]**에서 잠시 소개해 드린 미국형 79타보다 **퍼팅이 하나 더 많습니다.** 그리고 스윙에서의 실수가 하나 적습니다. 심지어 79타들의 세계에서도 한국인들이 퍼팅은 못하고, 스윙은 정교합니다.

분류	스윙	실수	웨지	퍼터	타수	GIR*
한국	36	1	9	33	79	9
미국	36	2	9	32	79	9

*GIR : Green In Regulation. 파3 1on, 파4 2on, 파5 3on

분류	버디	파	보기	더블보기	트리플보기	홀
한국	1	10	6	1	0	18홀
미국	1	11	4	2	0	18홀

홀 별 점수를 분석해 보면, 파가 하나 적은 대신, 더블보기도 하나 적습니다. 대신 중요한 공통점을 발견할 수 있습니다. **모두 트리플보기가 없습니다.**

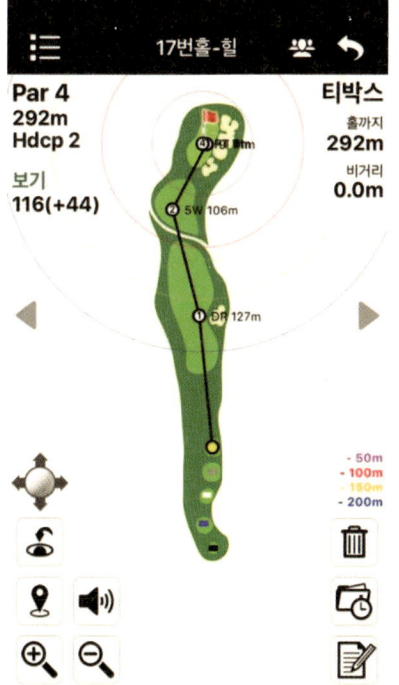
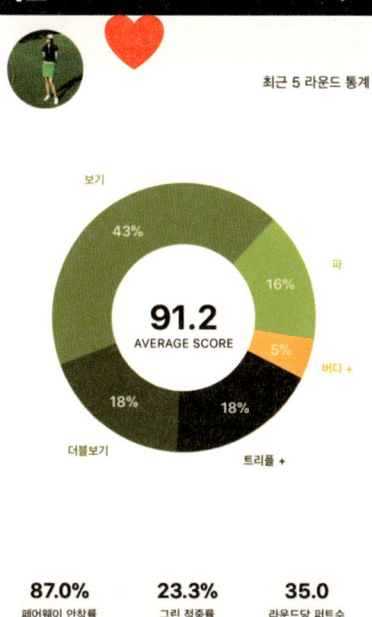

대부분의 골프코스는 18홀 파72로 구성됩니다. 그런데 파는 무엇일까요? 미국골프협회 USGA는 파를 두 가지 관점에서 정의합니다. 그 중 하나는 다음과 같습니다.

> **Par** means expert play
> under ordinary conditions,
> **allowing two strokes on the putting green.**
> "파"란 (날씨 등) 일상적인 조건에서,
> **그린에서 퍼팅을 두 번 한다고 가정했을 때,**
> 기대할 수 있는 전문가 수준의 플레이

이 정의를 통해서 코스의 구성은 18홀 내내 두 번의 퍼팅을 예정하고 있다는 것을 알 수 있습니다. 그리고 파3, 파4, 파5 각각의 홀들은 그린으로 올라가는 과정과 2번의 퍼팅으로 구성되어 있음을 알 수 있습니다.

Par 3 = 1 on + 2 putting
Par 4 = 2 on + 2 putting
Par 5 = 3 on + 2 putting
파72 = 필드플레이 36타 + 퍼팅 36타

매 홀 이렇게 운영해서 파를 기록하면, 아주 뛰어난 수준급의 플레이라는 뜻입니다. 그렇다면 아주 뛰어난 수준급의 플레이도 다시 두 가지로 나눌 수 있습니다.

   1) 정해진 타수 안에 그린으로 공을 올리는 것
   2) 그린 위에서 두 번의 퍼팅으로 마무리 하는 것

1)번의 정해진 타수를 영어로는 GIR : Green In Regulation 이라 합니다. 파3에서 1on, 파4에서 2on, 파5에서 3on. 우리말로 적절한 번역은 뭘까요? 보통 그린적중, 정규온, 파온 등의 용어를 사용합니다. 그냥 2on이라고 통칭하기도 합니다. 이 책에서는 GIR(지아이알)이라고 부르겠습니다.

그리고 그린으로 올라가면서 GIR보다 한 타 더 많이 쳤다면 GIR+1, 두 타를 더 많이 쳤다면 GIR+2라고 표현하겠습니다. 그러면 한국형 79타는 다음과 같은 요소로 구성됩니다.

필드플레이 36타 + 10타

GIR 9개 / GIR+1 8개 / GIR+2 1개

퍼팅 36타 - 3타

1퍼팅 5개 / 2퍼팅 11개 / 3퍼팅 2개

2. GIR 9개와 필요한 거리

GIR 9개를 기록하기 위해서는 어떤 조건이 필요할까요? 9개 홀에서 최소한 그린에 도달할 수 있어야 합니다. 즉, 일정한 거리를 낼 수 있어야 합니다.

먼저 파3를 생각해 보겠습니다. 4홀 중 가까운 2개의 홀에서 GIR에 성공한다고 가정해 보겠습니다. 그러면 어느 정도의 거리를 정확하게 날려보내야 할까요?

한국에 있는 9홀 이상 457개 골프장에는 모두 9,342개 홀이 있습니다. 이 중 2,115개가 파3입니다. 남성분들이 주로 이용하는 **화이트티 기준으로 파3의 평균거리는 145.6m 입니다.**

무슨 뜻일까요? 만약 한 번의 스윙으로 150m 이내를 안정적으로 보낼 수 있다면, 파3홀의 50%, 즉 한 라운드에서 2개의 GIR을 기록할 수 있습니다. 160m까지 안정적으로 보낼 수 있다면 75%, 즉 3개의 GIR이 가능합니다. 180m를 정확하게 보낼 수 있다면 90% 이상의 파3홀에서 GIR이 가능합니다.

파3에서 2개의 GIR을 확보하기 위해서는 **한 번의 스윙으로 150m 이내를 안정적으로 공략할 수 있어야 합니다.**

White Tee 거리분포

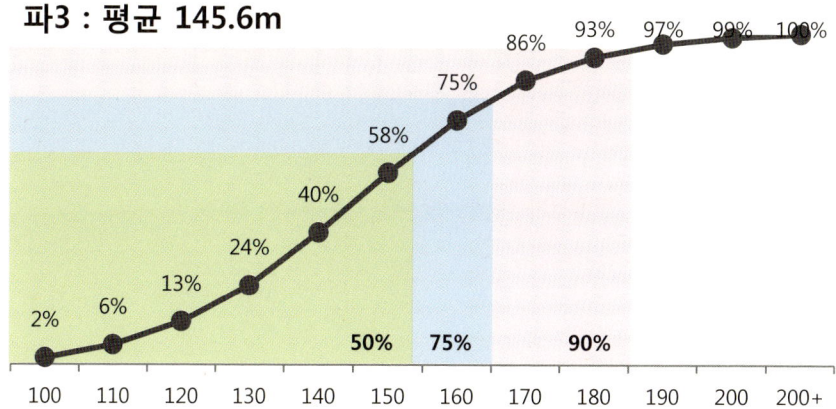

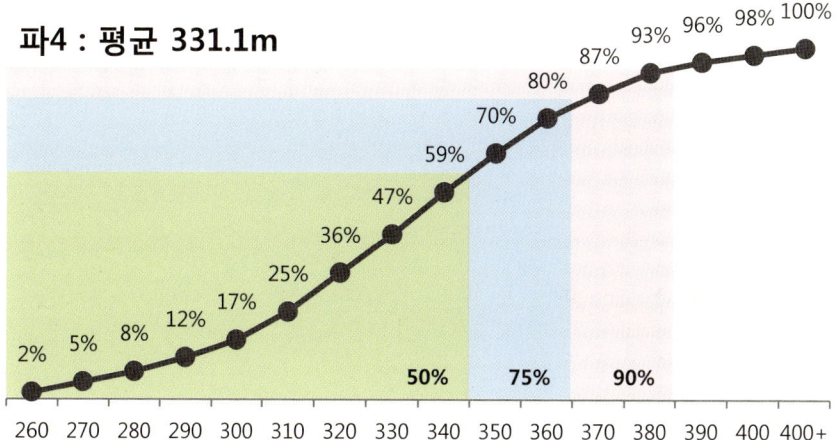

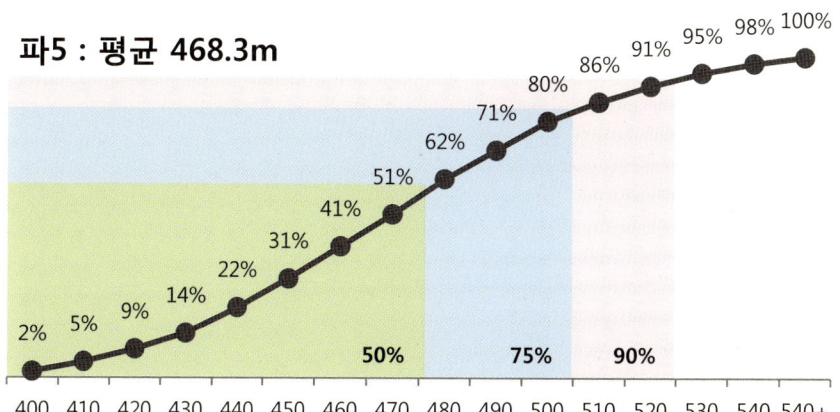

파4 10개홀 중 거리가 짧은 5개를 공략하려면 거리가 얼마나 필요할까요? 파4홀 5,139개의 평균거리는 331.1m 입니다. 즉 두 번의 샷으로 340m를 안정적으로 보낼 수 있다면 파4에서 5개의 GIR이 가능합니다. 드라이버 190m + 필드샷 150m를 죽지 않고 정확하게 보내는 능력이면 충분합니다.

만약 드라이버 200m + 필드샷 160m, 그렇게 두번의 샷으로 360m를 안정적으로 보낼 수 있다면 8개의 GIR도 가능합니다. 200m + 180m = 380m 전방의 그린을 맞힐 수 있다면 전체 파4홀의 90% 이상을 공략할 수 있습니다.

정리하면 파4홀에서 5개의 GIR을 위해서는 **190m + 150m = 340m를 안정적으로 공략할 수 있어야 합니다.**

파5홀 2,088개의 평균 거리는 468.3m 입니다. 세 번의 샷으로 470m를 안정적으로 보낼 수 있다면 두 개의 GIR은 충분합니다. 190m + 150m + 130m = 470m 입니다.

만약 200m + 150m + 150m = 500m를 안정적으로 보낼 수 있다면 3개의 GIR도 가능합니다. 20m를 추가하여 520m를 안정적으로 보낼 수 있다면 대한민국 파5홀의 90%를 공략할 수 있습니다.

지금까지 이야기를 종합해보면, 화이트티에서 9개의 GIR을 기록하기 위한 거리조건은 다음과 같습니다.

티샷 190m + 필드샷 150m

대한민국 남성분들의 드라이버 평균거리는 200m 인 것으로 알려져 있습니다. 드라이버를 200m이상 칠 수 있는 분이면 필드샷 150m 보내는 것은 그렇게 어려운 일이 아닙니다. 그렇다면 남성분들의 70% 이상은 79타를 기록하기에 충분한 거리를 가지고 있다는 뜻입니다.

그런데 79타를 기록해 본 사람이 많지 않은 이유는 뭘까요? 세가지 가능성이 있습니다.

1. 거리는 충분하나, 안정적이지도 정확하지도 않다. 그래서 2개 이상의 벌타를 발생시킨다. 공을 잃어버리기도 한다.
2. 79타를 위한 다른 조건들, 특히 웨지와 퍼팅의 능력을 갖추지 못했다. 심지어 퍼팅을 몇 개나 하는지 관심도 없다.
3. 롱게임, 숏게임, 퍼팅게임의 모든 기술을 갖추었으나 필드에서의 경기운영능력이 떨어진다. 대표적인 현상이 한번 무너지면, 2~3홀 계속 이상한 플레이를 지속한다.

White Tee 거리분포

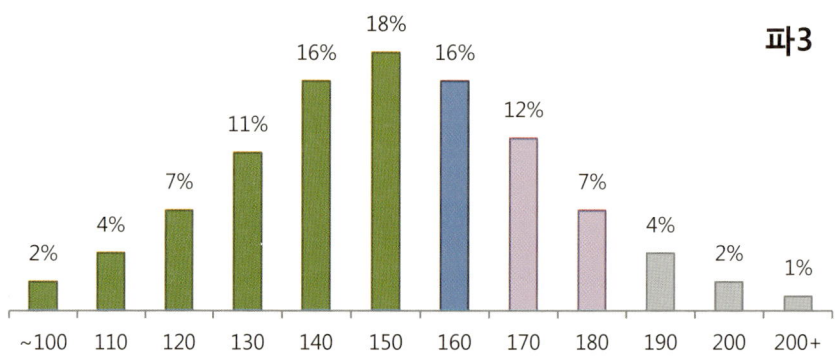

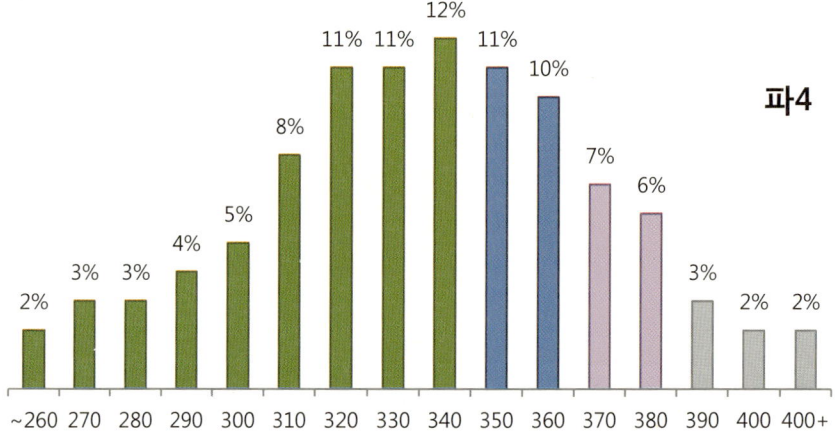

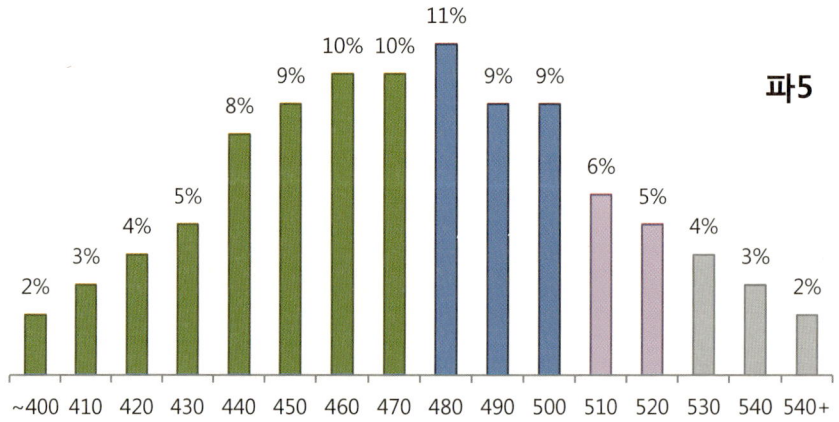

Red Tee 거리분포

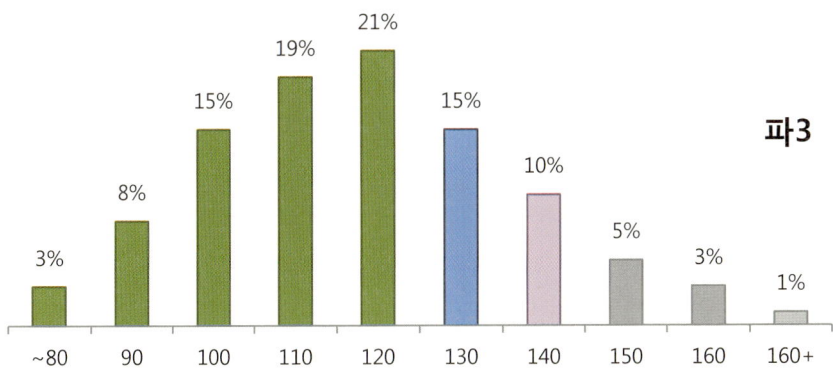

파3

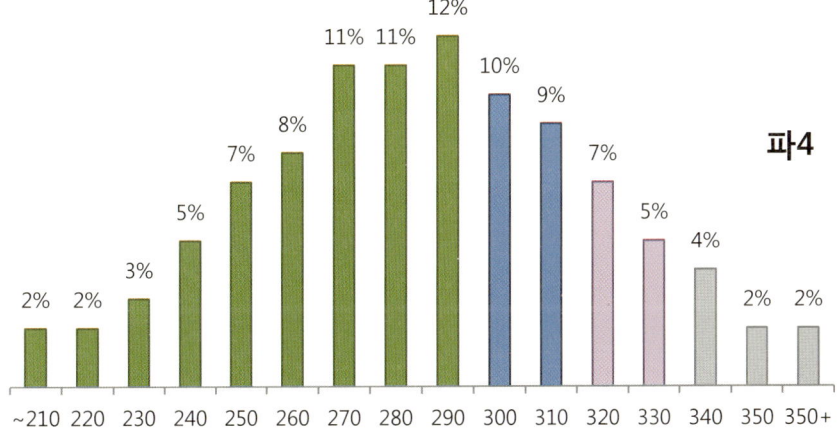

파4

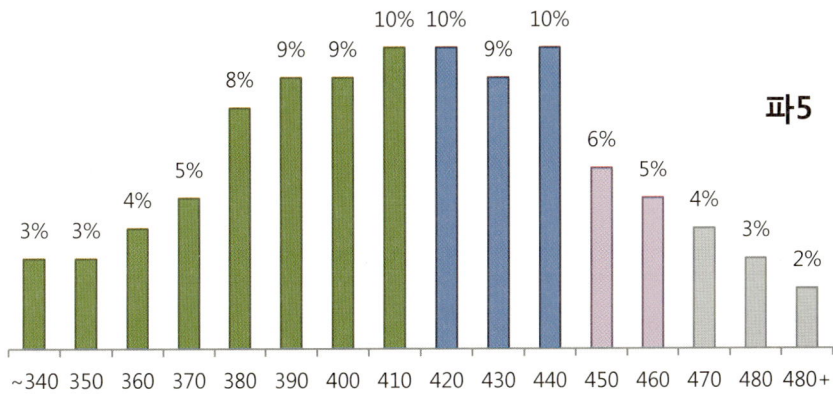

파5

여성분들이 주로 사용하는 레드티의 파별 평균거리는 다음과 같습니다. 파3 114.1m, 파4 280.8m, 파5 410.7m.

한번의 샷으로 120m를 보낼 수 있으면, 파3에서 2개의 GIR이 가능합니다. 두 번의 샷으로 290m를 보낼 수 있으면 파4에서 5개 GIR이 가능합니다. 드라이버 160m + 필드샷 130m.

문제는 이 정도 거리를 전진할 수 있는 여성분이 많지 않다는 점입니다. 여성분들의 드라이버 160m는 남성분들의 드라이버 230m와 비슷한 실력이라고 생각하면 됩니다. 화이트티의 모든 파4홀이 400m를 넘어가는 것과 같다고 보면 됩니다. 따라서 여성분들의 79타는 남성분들의 72타와 맞먹는 수준이라 생각하면 정확합니다.

가끔 여성분들이 많이 쳐서 경기진행에 방해가 된다고 불평하는 분들이 있습니다. 빨리 치라고 짜증내기도 합니다. 정확하게는 여성분들에게 너무 과도한 거리를 요구하는 골프장 운영자 또는 설계자의 잘못입니다. 그렇게 만들어 두고 여성 골퍼들 때문에 진행이 느려진다고 불평하면 안됩니다. 진행이 문제라면, 레드티를 훨씬 앞쪽에 배치하는 것이 옳습니다.

그렇다면 이런 환경 속에서 여성분들은 어떻게 해야 할까요?

Red Tee 거리분포

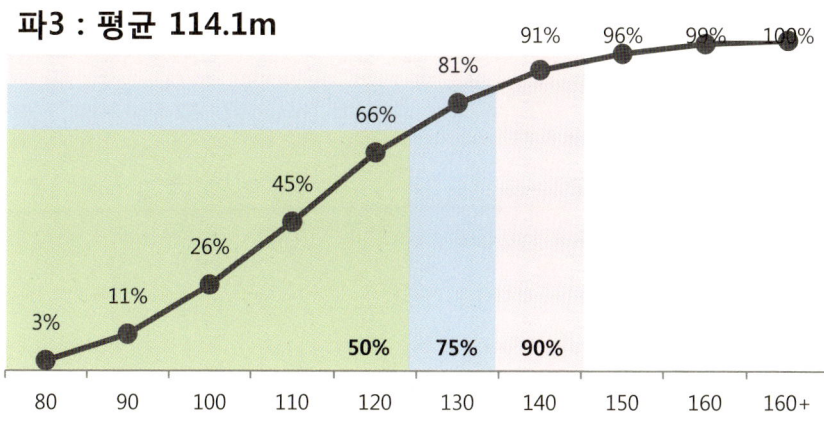

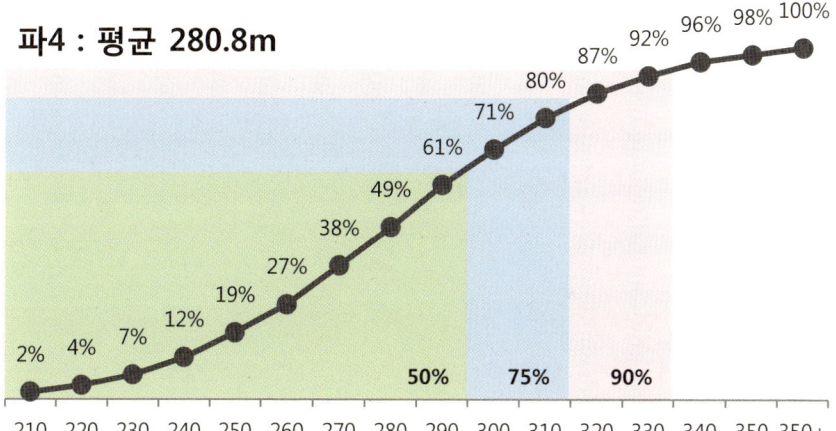

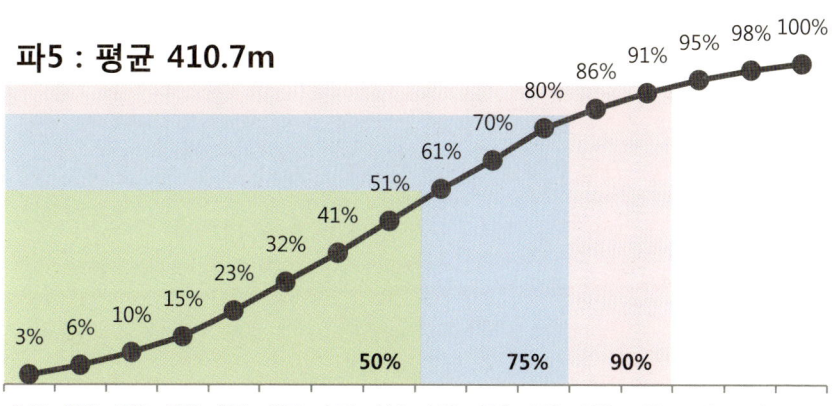

1단계 : 나만의 스코어카드를 작성한다.

먼저 본인이 도달 할 수 있는 거리를 정확하게 파악해야 합니다. 한번의 샷으로 전진할 수 있는 거리, 두 번의 샷으로 전진할 수 있는 거리, 세 번의 샷으로 전진할 수 있는 거리.

두 번째로 경기하는 홀의 파를 다시 산정해야 합니다. 예를 들어 드라이버 140m + 우드 120m = 260m를 전진할 수 있는 분이라면, 300m 홀은 파5라고 생각해야 합니다. 스코어카드에는 파4라고 되어있다면, 그것은 골프장 운영자의 기준일 뿐입니다. 자신의 기준에 맞춰 파5라고 생각해야 합니다.

그렇게 18홀의 파를 다시 산정해서 더하면, 내 거리에 맞는 이븐파를 알 수 있습니다. 두 번의 샷으로 260m를 보낼 수 있는 분이라면, 대개는 파85에서 경기를 하고 있을 겁니다.

그 상태에서 **'나만의 이븐파+7'**에 도전해야 합니다. 본인의 이븐파가 85인 코스라면 92타에 도전해야 한다는 뜻입니다. 이 분이 92타를 달성한다는 것은 79타의 조건 중, 거리를 제외한 나머지 조건을 모두 갖췄다는 뜻입니다. 그것만으로도 대단한 성과입니다. 스스로를 칭찬하셔도 됩니다.

2단계 : 공정한 골프코스를 찾아간다.

여성분들을 공정하게 대우하는 골프코스를 자주 찾아가야 합니다. 물론 레드티의 거리가 짧아지면, 나만의 이븐파도 줄어듭니다. 난이도는 내려가고, 심리적부담은 올라갑니다.

하지만 절대적인 플레이 회수가 줄어들기 때문에 그만큼 시간적인 여유를 느낄 수 있습니다. 덜 쫓긴다는 느낌만으로도 자기 실력을 충분히 발휘할 기회를 갖게 됩니다.

무엇보다 골프장 운영자들의 생각을 바꿔놓을 수 있습니다. 여성분들을 공정하게 대우하면 골프장의 매출이 올라간다는 모습을 보여주면 됩니다. 그러면 매출을 중요하게 생각하는 다른 골프장들도 레드티를 앞으로 옮겨두기 시작할 것입니다. 그러면 더 많은 골프장에서 즐거운 도전이 가능합니다.

3단계 : 거리를 늘려야 한다.

여유가 생기고, 점수가 좋아지고, 골프가 즐거우면, 꾸준히 연습하게 됩니다. 그러면 이제 차분히 거리를 늘려야 합니다. 시간은 오래 걸리겠지만, 궁극적인 해결책이기도 합니다.

[거리의 향상을 위하여]

9개의 GIR을 위한 최소필요거리는 다음과 같습니다.
- 화이트티 : 티샷 190m + 필드샷 150m = 340m
- 레드티 :   티샷 160m + 필드샷 130m = 290m

이미 충분히 거리가 난다면 다른 조건들에 집중하면 됩니다. 아직 거리가 부족한 분들도, 다른 조건들을 먼저 갖추시기 바랍니다. 이후 천천히 거리를 늘려가면 됩니다. 다른 조건이 갖추어져 있다면, 거리가 늘어날수록 점수는 줄어듭니다.

거리 늘리기는 장기적인 관점에서 접근하는 것이 필요합니다.
- 거리의 핵심은 헤드스피드를 빠르게 하는 것이다. 힘껏 때리는 것이 아니라, 빠르고 민첩하게 휘두르는 것이다.
- 스윙의 속도를 올리기 위해서는, ①스윙이 단순해야 한다. ②스윙이 숙련되어야 한다. **③몸을 준비해야 한다.**
- 균형을 유지할 수 있는 범위에서 스윙의 속도를 올린다.
- 스윙이 숙련되고 일정한 궤도가 생기면 거리와 방향은 동시에 개선된다.

자세한 내용은 **[스윙의 비밀] 제5장 거리의 비밀** 참조하세요.

파를 정의하는 두 번째 관점

"Par" is the score

that a **scratch golfer**

would be expected to make for a typical hole.

"파"란 특정한 홀에서

스크래치 골퍼라면 기록할 만한 점수

스크래치골퍼는 코스평가가 이루어진 모든 코스에서 코스핸디캡 0을 칠 수 있는 골퍼를 말합니다. 쉽게 말해 모든 코스에서 이븐파를 칠 수 있는 골퍼라는 뜻입니다. 그렇다면 이들은 공을 얼마나 멀리 보낼 수 있을까요?

A male **scratch golfer**, for rating purposes,

can hit tee shots an average of 250 yards

and can reach a 470-yard hole in two shots at sea level.

남성골퍼라면

드라이버를 평균 250yard/230m를 칠 수 있고,

두 번의 샷으로 470야드/430 m 전방의 그린을

맞힐 수 있어야 한다.

두 번의 샷으로 430m 전진할 수 있어야 이븐파를 칠 수 있다? 우리의 경험과 비교해 보면 조금 먼 듯 합니다. 왜 그럴까요?

430m는 소위 말하는 블랙티 Black Tee / Back Tee 기준이기 때문입니다. 18홀 총거리 7,200yard / 6,600m 를 기준으로 설계할 때 사용하는 거리입니다.

이 기준으로 티별 거리를 환산해 보면 다음과 같습니다.

티	총 거리	홀당 평균거리	파4 평균거리	파4 최대거리
블랙	6,600m	360m	380m	430m
블루	6,000m	330m	350m	400m
화이트	5,400m	300m	320m	380m
레드1	4,800m	270m	290m	350m
레드2	4,200m	230m	250m	300m

대한민국 골프장의 화이트 티 거리를 분석해 보면 총 거리가 평균 5,767m 입니다. 미국의 화이트 티 보다 더 멀다고 되어 있습니다. 미국 기준으로 화이트 티와 블루 티의 중간입니다. 이건 또 무슨 뜻일까요? 우리가 더 멀리 친다는 의미일까요?

골프장은 보통 평균 90타를 기준으로 운영됩니다. 하루에 100명이 골프장을 찾았다면 100명의 평균스코어를 90으로 유지해야 한다는 뜻입니다. 그래야 4시간30분 플레이시간을 유지할 수 있고, 7분 간격을 유지할 수 있습니다.

평균 스코어가 올라가면 어떻게 될까요? 코스가 혼잡해 지고, 대기시간이 늘어납니다. 내장객이 많지 않은 주중에는 나름대로 소화할 수 있지만, 주말에는 엄청난 대기시간이 발생합니다. 고속도로 정체와 같은 원리입니다.

이 때 골프장이 할 수 있는 일은 3가지 입니다.

1. **티타임 간격을 늘리는 것입니다.** 7분 간격이 아니라, 8~10분까지 늘릴 수 있습니다. 물론 내장객수는 줄어듭니다. 가격을 올리지 않으면 매출은 당연히 줄어듭니다.
2. **두 번째는 플레이 거리를 줄이는 것입니다.** 티를 원래 정해진 위치보다 앞으로 옮기면, 타수를 줄이고 플레이시간을 유지할 수 있습니다. 고객들도 기분이 좋아집니다.
3. **일부러 방치하기도 합니다.** 대기시간을 늘려 식음매출을 유도하기도 합니다. 고객경험은... 잘 모르겠습니다.

우리나라 골프장들은 대부분 2번의 방법을 택합니다. 우리가 미국에서보다 더 멀리서 치는 경우는 거의 없습니다.

3. 나머지 구성요소들과 필요한 조건들

1) GIR+1 8개와 One Shot One Kill

36번의 스윙을 했습니다. GIR 9개를 기록했습니다. GIR을 기록하지 못한 나머지 9개 홀에서는 GIR+1을 시도해야 합니다. 거리는 얼마나 될까요? 그린을 살짝 비켜났다면 길어야 20~30m일 것입니다. 400m 파4홀이라도 두 번의 샷으로 340m를 전진했다면 남은 거리는 길어야 60m 안쪽입니다. 바로 웨지가 필요한 순간입니다.

One Shot One Kill

웨지를 사용했다면 공은 반드시 그린 위로 올라가야 합니다. 한 홀에서 웨지를 두 번 이상 사용하고 있다면 웨지가 무엇인지 모르는 것입니다. 90대 시절에 반드시 익혀야 합니다.

다르게 생각할 수 있습니다. 웨지를 잡으면 100m 이내에서 백발백중 그린에 올라갈 수 있다면 무엇을 의미할까요? 파4에서 두 번의 샷으로 340m를 안정적으로 전진한 다음, 440m까지는 안정적인 3on이 가능하다는 뜻입니다. 18홀 전체를 GIR+1으로 막을 수 있다는 뜻입니다.

GIR에 실패한 공이 벙커로 들어갈 수 있습니다. 충분히 예상 가능한 일입니다. 일어날 수 있는 일이 일어난 것뿐입니다. 당황하면 안됩니다. 당연히 준비되어 있어야 합니다.

벙커샷은 크게 3단계에 걸쳐 발전합니다.
- ~90타 : 벙커에서 탈출 할 수 있다.
- 89~80타 : 벙커에서 그린으로 보낼 수 있다.
- 79~72타 : 벙커에서 퍼팅사정거리 안으로 보낼 수 있다.

80대를 지나오면서 한번에 벙커에서 그린으로 가는 능력을 반드시 갖춰야 합니다. **자세한 내용은 [웨지의 비밀] 참조**

2) GIR+2 한 개와 치명적인 실수

GIR+1을 실수라 부르지는 않습니다. 1년 내내 평균 71타를 기록하는 PGA 투어선수들도 18홀 평균 GIR은 12개, GIR+1은 6개 입니다. 다시 말해 GIR+1은 정상적인 경기운영입니다.

79타는 GIR 9개, GIR+1 8개, GIR+2 1개를 기록합니다. 17개 홀에서 정상적인 경기운영을 합니다. 딱 한 홀 실수를 합니다. GIR+2를 기록하게 만드는 한번의 실수를 치명적 실수라고 부르겠습니다. 그런 치명적 실수는 어떤 것들일까요?

파3홀. 티샷한 공이 물에 빠졌습니다. 1벌타 후 세 번째 샷이 그린으로 올라갔습니다. GIR+2가 됩니다. **이 때의 1벌타는 치명적인 실수입니다.**

파4홀. 티샷한 공이 물에 빠졌습니다. 1벌타 후 세 번째 샷을 했습니다. 그린에 올라가지 못했습니다. 한 번의 샷을 더한 후 GIR+2를 기록합니다. 이 벌타는 치명적인 실수가 됩니다. 다행히 세 번째 샷이 그린에 올라가 GIR+1이 되었다면? 실수가 있었지만 치명적인 실수는 아닙니다. 극복 가능한 실수를 훌륭하게 극복한 것이 됩니다.

300m 파4홀. 티샷한 공이 하늘 높이 올라갔다가 100m 전방에 떨어졌습니다. 다행이 죽지는 않았습니다. 두 번째 샷으로 150m를 보냈더니 50m 남았습니다. 웨지로 가볍게 GIR+1. 아무 문제 없습니다.

파4홀, 티샷이 깊은 러프나 나무 사이로 갔습니다. 두 번째 샷으로 안전하게 페어웨이로 돌아왔습니다. 페어웨이에서 친 세 번째 샷이 그린에 올라갔습니다. GIR+1을 기록했습니다. 티샷에 약간의 실수가 있었지만 치명적인 실수는 아닙니다. 극복 가능한 실수이고, 실제로 잘 극복했습니다.

OB가 발생하면? 1타+1벌타, 다시 같은 자리에서 세 번째 샷. 순식간에 2타의 손해가 발생합니다. 극복하기 힘든 치명적인 실수입니다. **79타를 위해서는 OB가 사라져야 합니다.**

36번의 스윙을 하면서, 이런 저런 작은 실수가 발생할 수 있습니다. 잘 운영해서 GIR+1으로 그린에 갈 수 있다면 아무 문제 없습니다. 치명적인 실수가 발생하면 GIR+2가 발행합니다. 하지만 치명적인 실수도 한번에 그쳐야 합니다. 결국 **OB가 없어야 하고, 벌타도 하나에 그쳐야 합니다.**

79타를 기록하려면 그 정도 위기관리능력이 있어야 합니다.

3) 퍼팅 33개와 2m 퍼팅, 20m 칩샷

36번의 스윙을 했습니다. 한 타의 실수가 발생합니다. 그렇게 9개 그린을 적중시킵니다. 나머지 9개 홀에서 한 타를 추가하여 모두 그린에 올라옵니다. 36타 + 1타 + 9타 = 46타

그렇게 46타 만에 18개의 그린에 올라왔습니다. 36타를 기준으로 +10을 기록했습니다. 이제 퍼팅을 해야 합니다. 79타를 기록하기 위해서는 퍼팅 33타로 18홀을 마무리해야 합니다. 36타를 기준으로 -3을 기록해야 합니다. 2개의 3퍼팅을 감안하면 5개의 1퍼팅이 필요합니다. 어떤 능력이 필요할까요?

두 가지 능력이 필요합니다.

① 퍼팅사정거리 2m

우선 홀에서 2m 거리 이내라면 한 번에 끝낼 수 있다는 자신감이 있어야 합니다. 실제로도 50% 이상의 성공확률을 기록해야 합니다. 그렇게 퍼팅사정거리가 2m면 퍼팅 33개로 18홀을 마무리 할 수 있는 기본 실력을 갖췄다고 평가합니다. 자세한 내용은 **[퍼팅의 비밀]** 참조.

② 20m 칩샷은 2m 사정거리 안으로

퍼팅수 33개는 2개의 3퍼팅과 5개의 1퍼팅을 포함하고 있습니다. GIR을 기록한 9개 홀에서 2개의 3퍼팅은 그대로 2개의 보기가 됩니다. 9개 홀 중 하나는 1퍼팅으로 마무리 합니다. 1개의 버디가 됩니다.

그렇다면 나머지 4개의 1퍼팅은 어디서 왔을까요? GIR을 기록하지 못한 9개의 홀 중에서 4개를 1퍼팅으로 마무리 합니다. 그렇게 3학년1반 파를 4개 추가할 수 있어야 합니다.

PGA투어프로들은 30m 이내의 칩샷을 홀 주변 평균 2.24m에 보낼 수 있습니다. 7.5% 정도의 오차율을 가지고 있습니다. 79타를 치시는 분들이라면 평균오차율이 7.5%보다는 클 것입니다. 10%라고 가정하겠습니다.

그렇다면 20m 이내에서의 칩샷이 중요해 집니다. 즉 20m 이내에서는 한 번의 칩샷으로 2m 이내로 보내고, 한 번의 퍼팅으로 마무리 해야 합니다. 그렇게 4개의 1퍼팅을 더해야 합니다. 자세한 내용은 **[웨지의 비밀]** 참조.

4. 79타의 조건

지금까지의 이야기를 종합하면 다음과 같습니다.

79타의 구성요소
- 필드플레이 36타 + 10타 = 46타
  GIR 9개 / GIR+1 8개 / GIR+2 1개
- 퍼팅 36타 − 3타 = 33타
  1퍼팅 5개 / 2퍼팅 11개 / 3퍼팅 2개

79타의 조건
① 2m 안쪽에서는 한 번의 퍼팅으로 끝낼 수 있다.
② 20m 이내의 거리에서는 2m 안으로 보낼 수 있다.
③ 그린 주변 벙커에서는 한번에 그린으로 보낼 수 있다.
④ 웨지를 잡았으면 한번의 샷으로 그린으로 보낼 수 있다.
⑤ 150m이내에서 그린을 맞힐 수 있다. (레드티 130m)
⑥ 드라이버를 190m 이상 보낼 수 있다. (레드티 160m)
⑦ OB없이 하나의 벌타 안에서 라운드를 마무리 할 수 있다.

그렇게 79타의 조건을 갖추면 중요한 현상이 나타납니다.
스코어카드에서 트리플보기가 사라집니다.

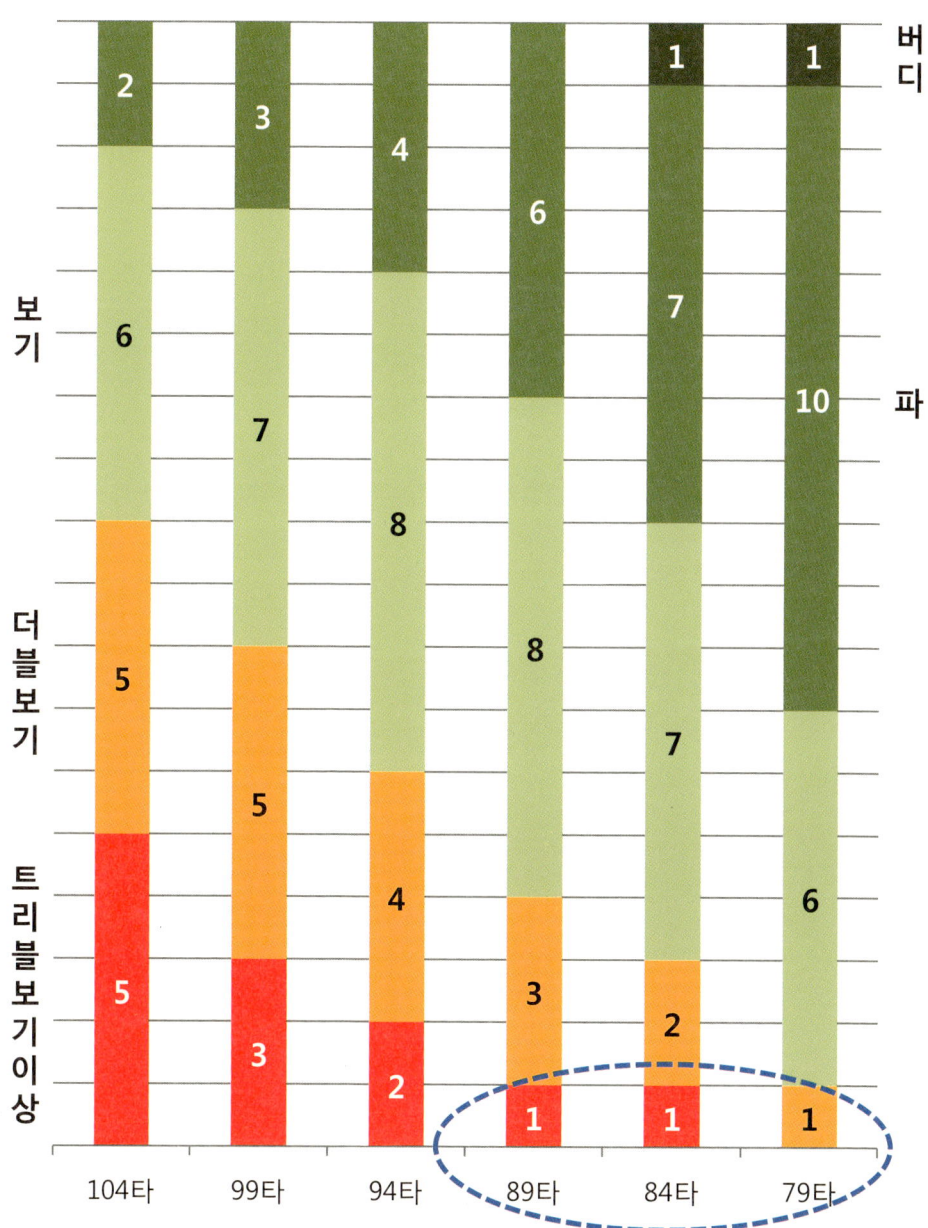

1장. 79타란 무엇인가

2장. 경기운영이란 무엇인가

3장. 멘탈게임이란 무엇인가

4장. 구찌란 무엇인가

5장. 필드훈련이란 무엇인가

6장. 나머지 이야기들

1. 79타로 가는 길

결국 골프가 발전한다는 것, 골프 점수가 향상된다는 것은 "트리플보기 이상", 즉 망한 홀을 줄여나가는 과정입니다.

물론 처음에는 "**점수를 셀 수 없는 상태 uncountable**"에서 골프를 시작할 수도 있습니다. 아무리 스윙 해도 전진 할 수 없거나, 아무리 퍼팅 해도 마무리 지을 수 없으면, 점수를 셀 수 없습니다.

그때는 오히려 **4on-3putt**, 즉 트리플보기를 목표로 라운드 해야 합니다. 그렇게 18홀 모두 트리플보기를 할 수 있으면 126타를 기록할 수 있습니다.

126타에 도달했으면, 이제 본격적으로 트리플보기를 줄여나가야 합니다. 두 가지 과정이 있습니다.

    1) 4on-3putt → 3on-3putt : 더블보기
    2) 4on-3putt → 4on-2putt : 더블보기

거리가 확보되는 분들, 특히 남성분들이라면 3on-3putt으로 발전할 확률이 높습니다. 반면 거리에 약점을 느끼는 여성분들이라면 4on-2putt을 목표로 삼는 것도 하나의 방법입니다.

4on-3putt → 3on-3putt 으로 발전하기 위해서는 무엇이 필요할까요?

- 공이 죽지 않아야 합니다.
- 정렬이 제대로 되어야 합니다.
- 그리고 세 번째 (웨지)샷이 그린에 올라와야 합니다.

보통 정렬이 제대로 되면, 웬만해서 공이 죽지는 않습니다. 그리고 정렬이 제대로 되면, 스윙연습의 효율이 올라갑니다. 그렇지 않으면 연습장 따로, 필드 따로일 확률이 높습니다. 연습장에서만 공을 잘 치는 '연습장 프로'가 될 수도 있다는 뜻입니다. **[스윙의 비밀]** 참조

4on-3putt → 4on-2putt 으로 발전하는 과정은 어떨까요? 거리의 한계 때문에, 오히려 공이 죽지는 않을 겁니다. 차근차근 전진해서 그린으로 올라옵니다. 2번의 퍼팅으로 마무리해야 합니다. 1m 퍼팅을 하루에 100개씩 연습해야 합니다.

3on-3putt이든 4on-2putt이든, 18홀을 더블보기를 중심으로 안정적으로 운영할 수 있으면 108타에 도달하게 됩니다. 이제 본격적으로 100타 깨기를 시도할 준비가 된 것입니다.

108타를 깼다면, 그 다음 경기운영 목표는 3on-2putt입니다. 공이 죽지 않아야 하고, 웨지를 휘두르면 공은 반드시 그린으로 가야하고, 퍼팅은 두 번 만에 끝내는 경기운영모델입니다.

이렇게 표현할 수도 있습니다. 벌타가 발생하면 실수입니다. 웨지를 두 번 이상 사용하면 실수입니다. 퍼팅을 두 번 이상 하면 실수입니다. **점수 = 90타 + 실수** 로 구성되는 경기운영 모델입니다.

104타에 도달하면 스코어카드는 어떤 모습일까요? 실수없이 파나 보기를 기록한 홀이 8개 입니다. 아직 절반 이하 입니다. 더블보기가 5개있고, 트리플보기 이상이 5개 있습니다.

5개의 트리플보기가 3개까지 줄어들면 99타를 기록합니다. 트리플보기가 2개로 줄어들면 94타에 도달합니다. 트리플보기를 1개로 막을 수 있으면, 이제 89타를 기록할 수 있습니다.

90대를 지나온다는 것은 3on-2putt을 기본 경기모델로 삼고, 실수를 계속 줄여가는 과정입니다. 그 과정에서 트리플보기 이상의 치명적인 홀도 하나까지 줄이는 과정입니다. 그렇게 게임을 안정시키는 과정이 90대 입니다.

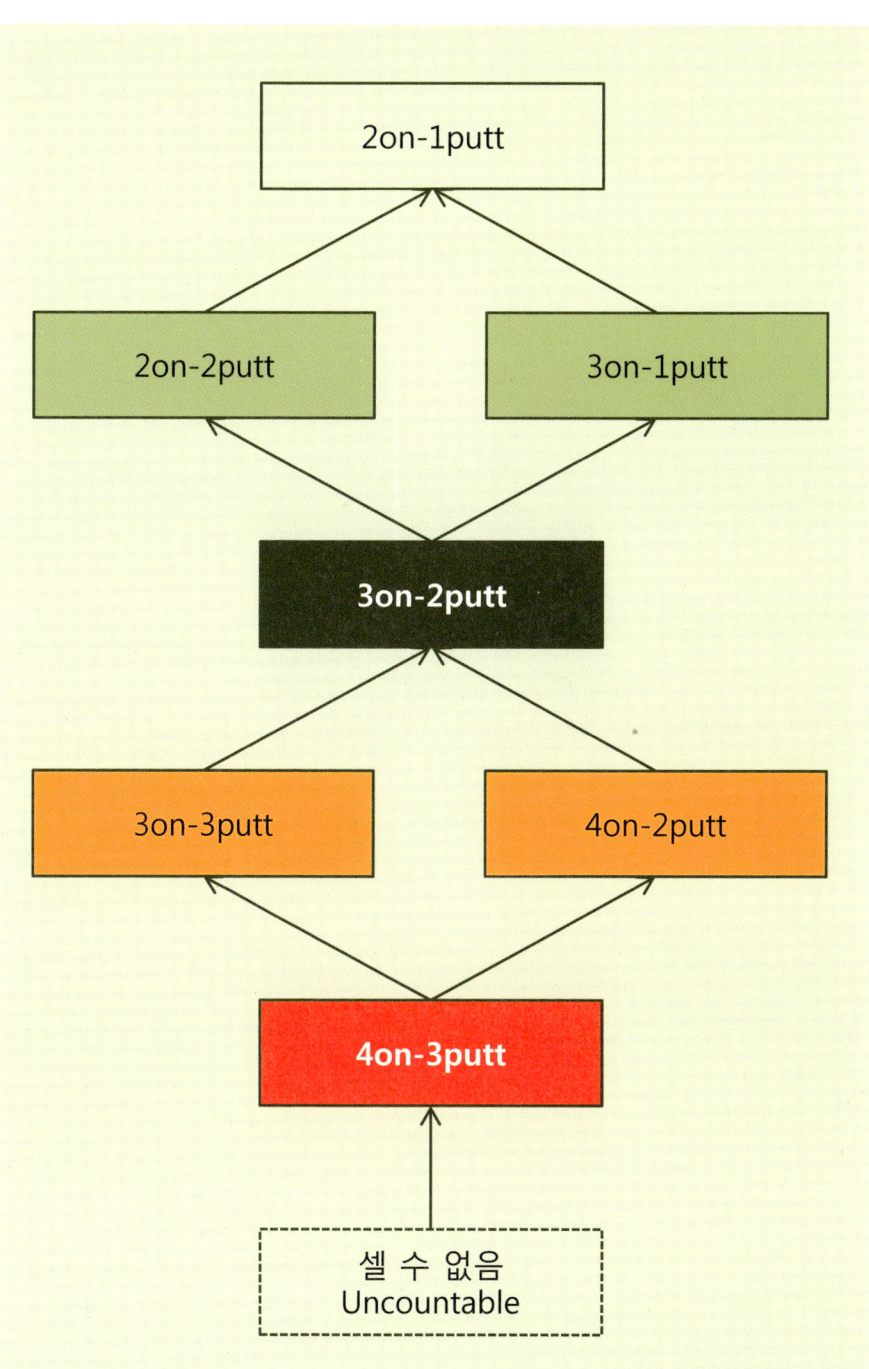

그렇다면 89타 → 79타로 가기 위해서는 무엇이 필요할까요? 80대를 지나간다는 것은 또 무엇을 의미할까요?

물론 파를 잡는 경기모델이 있어야 합니다. 특히 **2on-2putt** 경기모델이 자리를 잡아야 합니다. 본격적으로 GIR의 숫자가 중요해지는 시점입니다. 그린을 목표로 하는 아이언 샷의 사정거리와 정확도가 중요해지는 시점입니다.

또 하나, 아이언 샷의 정확도가 올라가기 시작하면, 그린을 맞히지 못하더라도 공은 홀에서 멀리 떨어져 있지는 않을 것입니다. 그러면 숏게임 이후에 한 번의 퍼팅으로 마무리하고 파를 기록하는 경기운영도 가능해 집니다. **3on-1putt**.

즉, 80대를 지나가는 과정에서 기술적으로 중요한 것은 아이언 샷의 사정거리와 정확성을 올리는 것입니다. 정교한 아이언이 차지하는 비중이 커진다는 뜻입니다. 그 정교한 아이언 샷이 칼 같은 퍼팅실력을 만나면? 버디를 기록하게 됩니다.

80대 중반에 들어오면, 라운드당 평균 버디 하나를 기록하기 시작합니다. 매 라운드당 버디 하나를 잡는 실력이 되었다는 것은 이제 기술적으로는 거의 완성되었다는 뜻입니다.

이제 84타에서 79타로 가기 위해서는 또 무엇이 필요할까요? 남아 있는 하나의 트리플보기, 그 망한 홀을 없애야 합니다. 그렇다면 어떻게 트리플보기를 없앨 수 있을까요?

세상 살아가는 일이 모두 그렇지만, 0에서 1을 만드는 것은 어려운 일입니다. 1에서 10으로 키워가는 것은 상대적으로 쉬운 일입니다. 똑같습니다. 10에서 1로 줄이는 것도 상대적으로 쉬운 일입니다. 1에서 0으로 만드는 것은 정말 어려운 일입니다.

마지막 하나 남은 트리플보기는 왜 생겼을까요? 18홀 라운드 하면서 15개 홀에서 버디, 파, 보기를 기록하는 분이, 왜 유독 한 홀에서 무너지는 이유는 무엇일까요? 여전히 거리가 부족해서 일까요? 기술이 부족해서 일까요?

마지막 남은 하나의 트리플보기 없애기. 그것이 79타로 가는 과정에서 해결해야 하는 마지막 관문입니다. 그 열쇠가 기술과 거리는 아닐 것입니다. 기술과 거리는 이미 충분합니다.

경기운영능력과 **멘탈게임능력**이
마지막 관문의 열쇠입니다.

미국에서 골프대학을 유학하던 시절, 매주 두 편 정도 꽤 긴 일기를 썼던 기억이 있습니다. 그 일기들을 모아 책으로 묶은 것이 **[126타에서 70타까지]** 입니다. 2005년 7월 23일, 제가 이런 일기를 썼네요.

내 마음의 함정 : 기대수준

2005.7.23

요즘 저를 즐겁게 하는 숫자가 하나 있습니다. 게임당 버디 평균 1개. 요즘 저를 괴롭히는 숫자가 하나 있습니다. 게임당 트리플보기 평균 1개. 지금까지 치른 2학기 경기 전체의 평균기록입니다. 요즘은 마치 공식처럼 굳어지고 있습니다.

에드 선생님과 이 문제에 관해서 상의했습니다. 에드 선생님은 손가락 하나로 머리를 가리키면서 이렇게 이야기했습니다. "모든 것은 다 마음속에서 일어나는 일이야! (Everything happens here!)"

골퍼들은 어느 순간엔가 마음속에 기대 수준이 형성된다고 합니다. 문제는 스스로 만든 그 기대 수준을 벗어나기가 참 힘들다는 점입니다.

오늘 왠지 잘 치고 있으면 '어!!! 내가 왜 이렇게 잘하지' 하면서 자신도 모르게 페이스를 늦춥니다. 안 되면 후반에 마음 편하게 또는 더욱 집중하여 경기하게 되고, 덕분에 기대 이상의 성과가 나옵니다. 결국 18홀이 끝나면 자신의 핸디캡으로 가게 된다는 것입니다. 저도 제 마음속에 하나의 버디와 하나의 트리플보기에 대한 기대가 형성된 것이라고 하셨습니다.

그러면서 저에게 이런 이야기를 했습니다. 네 마음은 이미 트리플보기를 기대하고 있다. 잘 생각해봐라. 트리플보기가 나오는 홀에서는 반드시 어떤 증상이 있다.

마음을 트리플보기로 몰아가는 무엇인가가 반드시 있다. 그 증상을 찾아야 한다. 그리고 경기 중에 그 증상이 나타나면 마음이 트리플보기로 몰아가지 못하게 막아야 한다. 의식적으로 너 스스로 만든 마음의 함정을 깨트려야 한다.

집에 와서 컴퓨터를 켜고 엑셀에 기록된 경기내용들을 살펴보기 시작했습니다. 모든 트리플보기를 빨간색으로 표시하고 나니, 너무나 선명하게 드러나는 것이 하나 있었습니다. 벌타. 예외 없이 하나 내지 두 개의 벌타가 있더군요. 그래서 다시 벌타가 있는 모든 홀들을 살펴보았습니다. 그런데 벌타가 있다고 전부 트리플보기를 기록하지는 않았습니다. 그럼 뭘까?

한참을 보고 있으니 눈에 들어오는 것이 있었습니다. 3퍼팅.

벌타 먹고 3퍼팅하고. 벌타 먹고 화난 마음에 다음 샷을 무성의하게 하다가 다시 한 번 더 실수하면, 마음은 이미 트리플보기를 향해 가고 있었습니다. 어쩌면 벌타 먹는 순간 마음은 트리플보기를 향해 가고 있었는지 모릅니다. 그래서 아무 죄의식 없이 3퍼팅하고는, 당당하게 '그~봐, 트리플보기 하잖아' 하면서 자신의 예상이 틀리지 않았음을 자랑스럽게 생각하고 있었는지도 모르겠습니다.

7월18일 월요일 경기. 네 개의 벌타가 있었습니다만 다행히 트리플보기는 없었습니다. 벌타가 나면 다음 샷은 반드시 루틴을 따라 아주 의식적으로 신중하게 플레이 해나갔습니다. 그렇게 차분히 샷을 해나가니 트리플보기가 없어지더군요. 세 개의 홀에서 벌타가 나왔는데 모두 더블보기로 막았습니다. 한 홀은 소위 말하는 OB파를 기록했습니다.

무한한 가능성을 향하여

기대수준. 동기부여이기도 하고 함정이기도 합니다. 그래서 저의 세 번째 과제는 이렇게 정했습니다. 게임당 평균 2개의 버디 잡기. 언젠가 보스톤의 폴박선생님께서 저에게 이런 이야기를 해준 적이 있습니다. '마음속에서 한계를 없애라.' 지금 생각해보니 그 말은 마음속에 스스로 함정을 파는 일을 하지 말라는 이야기하고 동일한 것 같습니다.

모두들 마음속의 함정을 없애고, 무한의 가능성에 도전해보시기 바랍니다.

2. 경기운영이란 무엇인가?

> **경기운영(Game Management)**이란
> 골프라운드에서 **원하는 결과를 얻기 위하여**,
> 적절한 선택과 실행과 책임의 과정을
> **원활하게 이어가는 노력**을 말합니다.

세상 모든 일이 그러하듯
골프의 모든 플레이는 **목적**과 **과정**을 가지고 있습니다.

모든 플레이의 목적은 동일합니다.
"지금 여기 있는 공을 내가 원하는 곳으로 보낸다."

모든 플레이의 과정 역시 동일합니다.
"선택 → 실행 → 책임"

선택 → 실행 → 책임

따라서 한번의 플레이는 다음의 과정들을 포함하게 됩니다.

선택

- 어디로 보낼 것인지 선택한다.
- 어떻게 플레이 할 것인지 선택한다.
- 어떤 클럽을 사용할 것인지 선택한다.

실행

- 연습스윙을 통해 타점을 확인하고, 스윙감각을 올린다. (퍼터나 웨지라면 거리감각도 점검한다.)
- 정렬 한다.
- 마지막으로 목표를 눈으로 확인하고, 실행한다.

책임

- 결과, 즉 공의 위치를 확인한다.
- 결과와 과정을 평가한다.
- 평가를 다음 선택에 반영한다.

골프심리학 관련 강의를 할 때마다 던지는 질문이 있습니다.

"17번홀 버디를 기록하면서 총 +6를 기록했습니다. 18번홀 보기만 해도 생애 첫 번째 79타입니다. 티샷을 하려고 보니 좁은 페어웨이에 왼쪽은 OB, 오른쪽은 물입니다. 자~ 어떻게 하시겠습니까?"

지금까지 기회 있을 때 마다 물어보았고, 꽤 많은 답을 들었습니다. 그 모든 답들을 하나씩 분류를 해 봤더니, 모두 다섯 가지 유형으로 나뉩니다.

① '잘 친다' 형

똑바로 친다. 드로우를 건다. 페이드를 건다. 어찌되었던 공을 페어웨이로 보내겠다는 대답입니다. 가장 많은 사람들이 그렇게 답합니다. 제가 보기에는 셋 중의 하나입니다. 멘탈이 진정 강하거나, 불안감을 감추기 위해 허풍을 떨거나, 다른 대안이 뭐가 있는지 아직 모르는 경우입니다.

② '7번 아이언으로 친다' 형

어차피 보기만 해도 되고, GIR+1만 해도 된다면, 티샷을 멀리 칠 필요가 없습니다. 잘라서 간다는 뜻입니다. **반드시 '보기'를 하겠다**는 선택입니다. 절대로 죽지 않을 가장 자신 있는 클럽을 택하는 전략입니다. 신중하고 안정적인 스타일입니다.

③ '물보고 친다' 형

어차피 보기만 해도 된다면, 물에 빠져 1벌타를 받아도 지장 없습니다. 대신 OB가 나서 두 타를 손해 보면 치명적입니다. 따라서 **반드시 OB는 피한다**는 전략입니다. ②형 보다는 훨씬 손익계산이 빠르고 과감한, 전략가 스타일입니다.

위의 세 가지 유형의 답이 97% 이상을 차지합니다. ④번과 ⑤번 유형은 진정한 고수의 답변입니다. 다음에 기회가 있을 때 공유하겠습니다.

앞서 이야기한 것이 경기운영(Game Management) 과정에서 선택과 관련된 내용의 일부 입니다. 전체적인 경기의 흐름을 파악하고, 홀의 목표를 정하고, 타겟과 클럽을 선택하는 과정입니다.

경기상황이 달라지면 이 이야기는 달라질 수 있습니다. 만약 생애 첫 79타가 아니라면, 어차피 망한 라운드라 버디나 더블보기나 별다른 의미가 없는 상황이라면, 돈을 너무 많이 따 손님 떨어지겠다 생각되면 전혀 다른 선택을 할 수도 있다는 뜻입니다. 따라서 선택과정은 라운드의 목적과 현재의 경기 흐름, 홀에서의 진행상태가 모두 포함된 개념입니다.

두 번째 실행의 과정은 무엇일까요? 실행도 두 가지로 나눠 볼 수 있습니다. 기술에 관한 이야기와 루틴에 관한 이야기.

기술에 관한 이야기는 굳이 설명하지 않아도 될 듯 합니다. 친구나 선배, 책, 인터넷, 방송에서 찾아 볼 수 있는 대부분의 이야기가 기술에 관한 이야기이기 때문입니다.

루틴에 관한 이야기를 찾아보려면 조금 노력을 해야 합니다. 제가 쓴 [퍼팅의 비밀] [스윙의 비밀] [웨지의 비밀]은 루틴의 비중이 큰 책들입니다.

지금부터가 중요합니다. 어떤 선택을 했는지 모르겠습니다. 일단 티샷을 했습니다. 결과는 다음 중 하나입니다.

1) OB 났다.
2) 물에 빠진다. 드랍 후 그린 공략하기에는 너무 멀다.
3) 페어웨이에 떨어진다. 그린 공략하기에는 너무 멀다.
4) 물에 빠진다. 드랍 후 그린 공략이 가능한 범위다.
5) 페어웨이에 떨어진다. 그린 공략이 가능한 범위다.

자~ 이제 어떻게 해야 할까요? 1) OB가 났다면, 단순합니다. 1벌타를 받고, 티잉그라운드에서 다시 세 번째 샷을 해야 합니다. 새로 정한 목표에 따라 필요한 선택을 하면 됩니다.

2)번과 3)번은 타수의 차이는 있지만, 따지고 보면 선택은 똑같습니다. 그린 공략이 가능한 지점으로 안전하게 이동해야 합니다. 그것이 가장 합리적인 선택입니다. 7번 아이언으로 티샷한 분들이라면 100% 이런 선택을 하리라 예상됩니다.

하지만 현실에서는 조금 다른 선택을 하는 분들도 있습니다. 그린으로 갈 수 있다고 철석같이 믿으면서, 우드를 꺼내는 분들도 있습니다. 그래서 결과는? 상상에 맡기겠습니다. 지나고 나면 꼭 '내가 그 때 왜 그랬을까…' 하고 후회하기도 합니다.

물에 빠져 드랍을 했던, 페어웨이에 떨어졌던, 그린 공략이 가능한 범위에 있다면 어떤 선택을 해야 할까요? 그린을 공략하기로 마음 먹었다면, 이제 선택은 3가지 밖에 없습니다.

1) 깃발
2) 그린 중앙
3) 가장 안전한 방향

1)과 3)이 겹치는 순간은 행운입니다. 망설일 필요 없습니다. 그곳을 목표로 정하고, 클럽을 선택하고, 준비해서 실행하면 됩니다. 1)과 3)이 정반대 방향이라면? 흔히 있는 일입니다. 세 가지 방향 중, 어디로 보낼 지 반드시 선택해야 합니다. 79타를 위해서는 필요하면 3)도 선택할 수 있어야 합니다.

이렇듯 경기운영(Game Management)이란 선택하고, 실행하고, 책임지고, 다시 선택하고, 실행하고, 책임지는 과정입니다. 다시 선택하는 과정에서 필요하다면 처음의 목표와 계획을 적절하게, 유연하게 변경할 수도 있어야 합니다.

원하는 목표를 이루기 위해서는 이 과정을 처음부터 끝까지 원활하게 진행해야 합니다. 1번홀 티샷부터 마지막 퍼팅까지 물 흐르듯 그림을 그려내고, 실행하고, 결과를 보면서 다시 그림을 그려야 합니다. 그것이 경기운영입니다.

이런 관점에서 보면, 79타를 위해 필요한 경기운영능력이란,

- 필요한 순간에는 최고의 선택이 아니라, 위험을 피해가는 안전한 선택도 할 수 있어야 한다는 뜻입니다.
- 나를 위태롭게 만들 수도 있는 선택이나 상황은 적절하게 피해가는 지혜가 있어야 한다는 뜻입니다.
- **18홀 모두 '보기'를 해 90타를 기록하더라도, '트리플보기'는 절대로 만들지 않는 경기운영이 가능해야 합니다.**
- **OB 없이, 물에 빠지지 않고, 벙커 빠지지 않고, 잃어버리지 않고, 공 하나로 라운드를 마무리 할 수 있어야 합니다.**

골프를 하다 보면, 신이 잠시 머물며 깨달음을 주는 순간이 있습니다. 저에게는 그 순간이 2005년9월17일 이었습니다.

파3 x 18홀

2005.9.17

열흘 전이었던 걸로 기억합니다. 에드 선생님에게 질문을 했습니다. "많은 준비를 했고, 이제 한 단계 뛰어넘을 준비가 된 것 같습니다. 그런데 왜 뛰어 넘지 못하는지 모르겠습니다."

"케빈, 모든 홀은 파3홀이야. 골프는 파3의 연속이지. 핵심은 '어떤 파3홀을 플레이하고 싶은가' 이다. 그것은 너의 선택에 달려 있어."

그날 이후 제가 게임을 바라보는 눈이 완전히 달라졌습니다. 한 번의 라운드는 14번의 티샷과 18번의 파3홀 플레이라고 생각하기 시작했습니다.

골프가 18번의 파3홀 플레이라면 파3홀 공략에 대한 전략이 있어야 합니다. 현재의 제 기술수준을 감안하여 다음과 같이 전략을 정했습니다.

- 100야드 이내 : 한 번의 샷과 한 번의 퍼팅. 목표 버디.
- 100~150 야드 : 한 번의 샷과 두 번의 퍼팅. 목표 파.
- 150~200 야드 : 한 번의 샷과 두 번의 퍼팅, 또는 한 번의 샷+한 번의 칩샷+한 번의 퍼팅. 목표 파.
- 200~250 야드 : 한 번의 샷+한 번의 칩샷+한 번 또는 두 번의 퍼팅. 파 또는 보기면 OK

이렇게 정하고 나니 티샷의 성격이 완전히 달라졌습니다. 티샷은 파3게임을 시작하기 위한 준비 과정에 불과합니다.

일단 중요한 것은 파3게임을 시작하기 위해서는 공이 살아있어야 한다는 점입니다. 모든 티샷의 결과는 결국 죽느냐, 사느냐(영어로 하면 in play/in trouble), 두 가지 밖에 없습니다. In trouble 상황은 무엇을 의미할까요? 아직 파3를 시작할 준비가 되지 않았다는 뜻 입니다. 그럼 어떻게든 파3를 시작할 수 있는 상황을 만들어야 합니다. 그게 제일 급선무입니다.

두 번째로 중요한 것은 티샷을 통한 파3게임의 선택입니다. 드라이버 컨디션이 좋은 날은 그냥 치고 100야드 파3를 시작하면 됩니다. 위험이 있거나, 컨디션이 안 좋은 날은 우드로 안전하게 치고 150야드 파3를 시작합니다.

오늘 홈구장인 산마르코스에서 라운드를 했습니다.

......

79타 기록했습니다. 땅볼 티샷을 여섯 번이나 친 것치고는 꽤 괜찮은 점수라고 생각합니다. 이번 주, 네 번의 경기를 했는데 세 번을 70대 점수를 기록했군요. 그 중에 오늘이 가장 의미있다고 생각합니다.

드라이버 컨디션이 최악인 상황에서의 79타.

언젠가 한국에 계시는 정 프로님이 아무런 기술적 발전 없이 코스매니지먼트만 조금 달리하니 80대 중반에서 갑자기 70대로 내려갔다고 이야기하신 적이 있습니다. 그게 무엇을 의미하는지 이제야 알 것 같습니다. 앞으로 드라이버 컨디션이 아무리 망가지더라도, 파3플레이만 잘 하면 70대를 유지할 수 있을 거라는 자신감이 듭니다.

저 스스로는 많은 것을 배우고 느낀 하루였는데, 글로 옮기는 과정은 너무나 서툰 것 같습니다. 이해해 주시기 바랍니다.

3. 79타를 위한 경기운영모델

79타의 조건을 이야기 했습니다. 경기운영모델에 관해 이야기 했습니다. 파3x18홀이라는 개념에 대해 이야기 했습니다. 이 세 가지 이야기를 종합하면 79타를 위한 경기운영모델을 그릴 수 있습니다. 간단한 3개의 동심원 입니다.

1. 파1지역 : 홀 주변 2m 이내에서는 한번에 끝낼 수 있다.
2. 파2지역 : 20m 이내에서는 두 번에 끝낼 수 있다.
3. 파3지역 : 150m 이내에서는 세 번에 끝낼 수 있다.
4. 파3지역 외곽 : **안전하게** 파3지역으로 전진할 수 있다. 최적의 파3 시작지점을 선택할 수 있다.

티샷(Tee Shot)의 목적은 파3지역으로 공을 보내는 것입니다. 한번에 성공하면 좋지만, 그렇지 않으면 필요한 만큼 샷을 더 합니다. 이 샷을 브릿지샷(Bridge Shot)이라고 하겠습니다.

그린공략이 가능한 지역, 즉 파3지역에서 그린을 향해 쏘는 샷을 타겟샷(Target Shot)이라고 부르겠습니다. 79타를 위해서는 이 사정거리가 150m까지 확장되어야 합니다. 타겟샷의 목적은 공을 홀에서 20m안, 파2지역으로 보내는 것입니다. 그린주변 벙커는 거리에 상관없이 여전히 파3지역입니다.

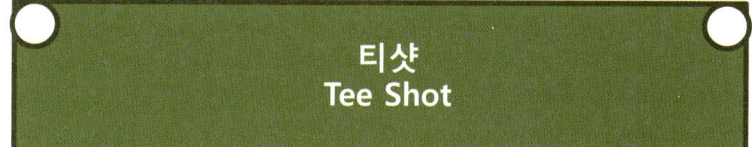

홀에서 20m 이내, 즉 파2지역은 그린일수도 있고, 아닐 수도 있습니다. 그린이라면 한 번의 퍼팅으로, 그린주변이라면 한 번의 웨지샷으로 공을 2m 이내로 보내는 것이 목적입니다. 공이 홀 주변 2m 이내로 들어왔으면, 이제 한번의 퍼팅으로 마무리 짓는 것이 목적입니다.

이렇게 기준을 정하고 나면, 자신의 플레이를 쉽게 평가할 수 있습니다.

먼저, 한 번의 플레이로 다음 지역으로 전진하면 훌륭한 플레이입니다. 파3지역에서 샷을 했더니, 공이 20m 이내 파2지역으로 전진하면 훌륭한 것입니다. 파2지역에서는 2m 안으로 들어오면 훌륭한 것이고, 2m 안에서는 한 번에 마무리 지으면 훌륭한 것입니다.

하나의 지역을 뛰어 넘는 결과를 만들어냈다면, 한 타를 줄여주는 슈퍼세이브(Super Save)입니다. 티샷이나 브릿지샷이 파3지역을 지나, 파2지역에 떨어졌다면 슈퍼세이브 입니다. 파3지역에서 샷을 했더니 홀 컵 2m에 붙었다면 슈퍼세이브입니다. 2m 바깥에서 퍼팅에 성공하면 슈퍼세이브입니다.

반면 같은 지역에 공이 머무르고 있다면 한 타의 실수입니다.

페어웨이 100m지점에서 샷을 했는데, 그린주변 벙커에 빠졌다면, 공은 여전히 파3지역에 있습니다. 물론 전진이 있었고 상황개선이 있었지만, 의미 있는 개선은 아니라는 뜻입니다.

10m 퍼팅이 1.5m에 멈췄고, 그곳에서 마무리 했다면 어떻게 평가될까요? 둘 다 정석대로 진행된 훌륭한 플레이입니다. 10m 퍼팅이 짧아서 3m에 멈췄는데, 한번에 마무리 했다면? 첫 번째 퍼팅은 한 타의 실수입니다. 두 번째 퍼팅은 파2지역에서 한번에 끝냈으므로, 슈퍼세이브가 됩니다.

3m 버디퍼팅을 아깝게 놓치고 파를 했다면, 정상적인 플레이입니다. 1.5m 버디퍼팅을 아깝게 놓치고 파를 했다면, 한번 생각해 봐야 하는 플레이가 됩니다.

자신의 능력을 바탕으로 지역을 나눠봐도 됩니다.
- 한 번에 끝낼 수 있는 퍼팅거리는 얼마나 되는지,
- 두 번에 끝낼 수 있는 퍼팅거리는 얼마나 되는지,
- 웨지로 파1지역으로 보낼 수 있는 거리는 얼마인지,
- 벙커는 파2지역인지, 파3지역인지, 셀 수 없는 지역인지,
- 그린을 향해 파3를 시작할 수 있는 사정거리는 얼마인지,
- 혹시 파3지역 안쪽에 취약한 거리는 없는지?

일단 그렇게 자신의 능력을 평가해보고 지역을 나누고 나면, 두 가지 측면에서 좋아집니다.

1) 79타의 조건과 비교해 보면서, 어디를 개선해야 하는지 알 수 있습니다. 모자라는 부분들은 계획을 세워 조금씩 넓혀 나가면 됩니다.

2) 라운드 중에 자신의 상황을 재빠르게 평가할 수 있습니다. 따라서 무리하지 않고, 다음 선택을 현명하게 할 수 있게 됩니다. 치명적인 상황을 피해 가면서 트리플보기가 없는 경기운영이 가능합니다.

최소한 이론적으로는 그렇습니다.

실제로는 그렇지 않을 수도 있다는 뜻입니다. 1)에 관해서는 개선이 불가능한, 수 많은 현실적인 제약에 관해 들었습니다. 그래도 때가 되면 가능한 한가지 이유를 찾아서 실천을 하시니까, 크게 언급할 필요는 없는 듯 합니다.

2)에 관해서는 보통 이렇게들 말씀 하십니다.
"다 알아. 다 아는데... 그게 필드만 나가면 내 맘대로 안돼..."

뭐가 내 마음대로 안 된다는 뜻일까요?

공이 있는 위치를 생각해 보고, 내 능력을 한번 생각해 보고, 내가 할 수 있는 적절한 선택을 생각해 보는 것이, 생각만큼 잘 안 된다는 뜻입니다. 차분하게 생각해 보면 되는 일인데, 생각이 문제가 아니라 **'차분하게'**가 잘 안 된다는 뜻입니다.

한 마디로, 내 마음이 내 마음대로 안 된다고 합니다.

왜 내 마음은 내 마음대로 안될까요? 17개의 홀을 차분하게 잘 운영하다가, 왜 꼭 한 홀에서 무너지는 것일까요? 그것도 가장 결정적인 홀에서…

나는 차분하게 잘 생각하고 있는데, 옆에서 한마디 하면, 왜 그렇게 마음이 흔들릴까요? 그것이 구찌임을 뻔히 알면서, 왜 매번 그렇게 당하고 말까요?

대체 내 마음은 어떻게 움직이는 것일까요? 어떻게 해야 내 마음대로 할 수 있을까요? 아니면 영원히 내 마음대로 안 되는 것이 내 마음일까요? 멘탈게임, 멘탈게임 하는데… 도대체 멘탈게임이란 무엇일까요?

1장. 79타란 무엇인가

2장. 경기운영이란 무엇인가

3장. 멘탈게임이란 무엇인가

4장. 구찌란 무엇인가

5장. 필드훈련이란 무엇인가

6장. 나머지 이야기들

1. 멘탈게임이란 무엇인가?

2~5분, 평균 3분

멘탈게임이란 무엇일까요? 심리적 동요를 안정시키는 과정입니다. 좀 더 구체적으로 정리해 보면, 멘탈게임은 다음과 같은 요소들로 구성됩니다.

① 임팩트가 일어나면, 반드시 심리적 동요가 발생한다.

임팩트가 일어나면 반드시 심리적 동요가 생깁니다. 심리적 동요가 발생하지 않는 경우는 없습니다. 만약 심리적 동요가 없다면 그것은 인간계의 현상은 아닐 겁니다.

② 심리적 동요는 더 커지기도 하고, 안정되기도 한다.

심리적 동요는 시간이 지나면서 점점 확산되기도 하고, 안정되기도 합니다. 사람에 따라 심리적 동요가 점점 더 커지는 경향을 보이면 '유리멘탈'이라고 부릅니다. 빠르게 안정되는 경향을 보이면 '강철멘탈' 또는 '멘탈갑'이라고 부릅니다.

③ 최대 5분, 평균 3분 이내에 안정시켜야 한다.

심리적 동요가 여전히 큰 상태에서 다음 플레이를 하면, 보통 최악의 결과를 가져오는 경우가 많습니다. 우연히 좋은 결과로 이어지면서 심리적 동요를 진정시키기도 하지만, 흔한 경우는 아닙니다. 따라서 한번의 임팩트로 발생한 심리적 동요는 다음 샷을 하기 전에 안정시키는 것이 가장 좋습니다.

그렇다면 한번의 임팩트 이후에 다음 임팩트까지 얼마나 시간이 있을까요? 물론 티샷 이후에 세컨샷은 시간의 여유가 조금 더 있습니다. 하지만 그 이후 부터 간격은 줄어듭니다. 첫 번째 퍼팅과 두 번째 퍼팅의 시간간격은 상당히 짧습니다.

4시간 30분짜리 라운드에서 90타를 기록한다면 평균 3분의 시간이 주어집니다. 4시간짜리 라운드에서 80타를 기록한다 해도, 평균 3분입니다.

3분만에 마음을 진정시키기. 멘탈게임이 어려운 이유 입니다. 분출된 호르몬들이 자연스럽게 소비되고, 저절로 마음이 안정되기를 기다리기에는 부족한 시간입니다. 생리적으로 불가능에 가깝습니다. 따라서 의식적인 노력을 통해서 심리적인 동요를 안정시켜 나가야 합니다.

이런 관점을 바탕으로 멘탈게임을 다음과 같이 정의합니다.

> **멘탈게임이란**
> **한번의 임팩트 후에 발생한 심리적 동요를 안정시키고,**
> **다음 플레이에 집중하기 위한**
> **의식적인 노력의 과정이다.**

[마지막 퍼팅이 긴장되는 이유]

골프의 모든 샷이 중요합니다. 따라서 모든 샷에 집중하는 것이 좋습니다. 하지만 모든 샷이 똑같이 긴장되거나, 똑같은 집중력을 요구하는 것은 아닙니다.

일반적으로 티샷의 긴장감이 높은 것으로 알려져 있습니다. 티샷 이후에는 이 긴장감이 많이 완화됩니다. 이후 홀로 다가갈수록 다시 긴장감이 높아집니다. 마무리 퍼팅에서의 긴장감과 집중력은 티샷 보다 더 높은 것으로 알려져 있습니다.

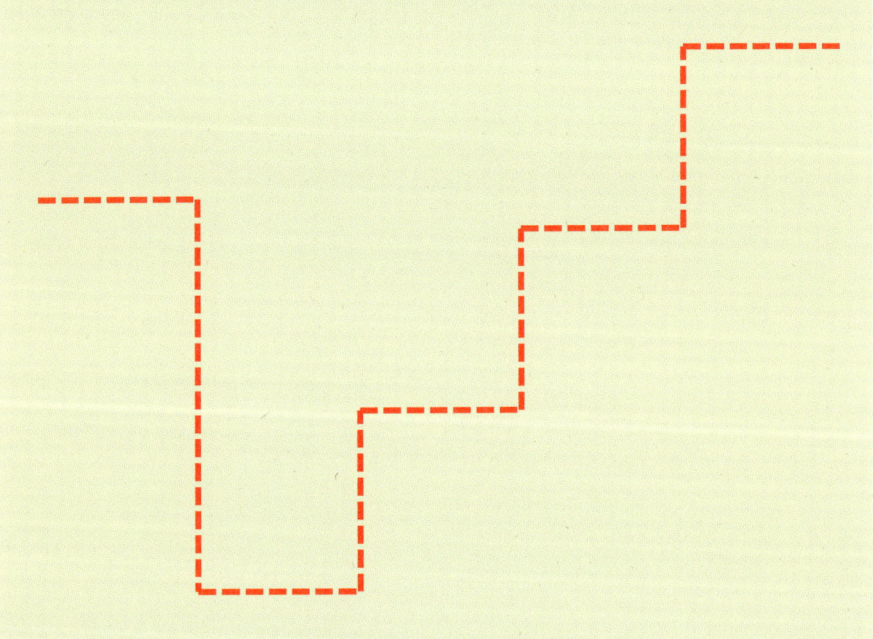

그렇다면 마무리 퍼팅의 긴장감이 높은 이유는 무엇일까요?

① 주목을 받고 있다.

한 홀을 플레이 하면 동반자들이 서로 주목하는 순간이 두 번 있습니다. 티샷과 마무리 퍼팅. 티샷을 하고 나면, 세컨샷부터는 서로의 플레이에 관심이 없어집니다. 본인 플레이에 집중하기도 바쁩니다. 그러다 결국 홀 근처에서 모두 모이게 됩니다. 마무리 퍼팅의 순간에는 모두 서로의 퍼팅결과를 유심히 바라보게 됩니다.

② 점수를 확정하는 순간이다.

티샷은 그 이후의 진행에 따라 점수를 반전시킬 수 있는 가능성이 있습니다. 하지만 마무리 퍼팅은 다릅니다. 들어가면 점수가 확정됩니다. 들어가지 않으면, 1타를 더한 다음 다시 시도해야 합니다. 끝날 때 까지 계속 점수를 더해가야 합니다.

③ 진정시키고, 다시 준비할 수 있는 시간이 짧다.

평균 3분이기는 합니다만, 각각의 플레이에 주어지는 시간은 모두 다릅니다. 보통 티샷과 세컨샷 사이에 가장 많은 시간이 주어집니다. 마무리 퍼팅을 앞두고 준비할 수 있는 시간이 가장 짧습니다. 퍼팅루틴이 간결해야 하는 이유이기도 합니다.

2. 심리적 동요란 무엇인가?

생각이 과거의 좋은 결과에 머무르면 **흥분**하게 됩니다.
생각이 미래의 좋은 결과로 이어지면 **기대**를 형성합니다.

생각이 과거의 나쁜 결과에 머무르면 **좌절/분노**하게 됩니다.
생각이 미래의 나쁜 결과로 이어지면 **불안**을 느낍니다.

2~5분, 평균 3분

드라이버를 쳤습니다. 손에 전달되는 느낌이 너무 좋습니다. 소리가 상쾌합니다. 공은 똑바로... 멀리... 날아가고 있습니다. "나이스 샷, 와~ 오잘공이네!" 동반자들의 환호가 들립니다. 아~ 드디어 나왔습니다. 날아갈 것 같습니다. 기분 좋습니다. '얼마나 갔을까?' 카트 안에서 묘한 **흥분**과 설렘을 느낍니다.

카트에서 내려 보니, 동반자들보다 20~30m 더 멀리 나와있습니다. 계속 2등 아니면 3등 이었는데... 뿌듯함을 느낍니다. 마침 그린 앞쪽에 핀이 꽂혀 있습니다. 거리측정기로 찍어 봤습니다. '100m. 아싸~ 딱 피칭거리네. 찰떡같이 붙여서 버디 잡으면, 배판에 버디값...' 입가에 **기대**에 찬 미소가 걸립니다.

연습스윙을 몇 번 하고, 의기양양하게 기다리며 동반자들의 플레이를 봅니다. '왜 이렇게 꾸물거려~ ㅋㅋㅋ' 30m 뒤에서 친 동반자의 공이 그린에 떨어집니다. 25m 뒤에서 친 다른 동반자의 공이 홀에서 3m에 붙었습니다. 20m 뒤에서 친 세 번째 동반자의 공이 조금 길지만, 그래도 그린에 떨어집니다.

'아.... 이거 바짝 붙여야 하는데, 혹시 못 올리면 어떡하지...' 갑자기 **불안**감이 엄습해옵니다. 힘이 들어갑니다. 다시 연습 스윙하고, 정렬합니다. 힘껏 쳤습니다. 쿵~ '악!!! 뒷땅' 공은 그린 앞 깊은 벙커에 빠졌습니다. **좌절**. 얼굴이 화끈거립니다.

캐디가 샌드웨지를 가져다 줍니다. 벙커로 걸어가는데 이제 **분노**가 치밉니다. 생각해 보니 그 곳에 벙커가 있다는 사실을 뻔히 알면서도 미처 고려하지 못했습니다. 평소 같으면 조금 길게 잡고 치는 홀인데... 바보 같이 왜 그랬지...

벙커에 들어왔습니다. 벙커턱이 무척 높습니다. 동반자들은 이미 마크하고 퍼팅라인을 살피고 있습니다. **초조**해집니다. '빨리 쳐야겠다.' 퍽!!! 공은 벙커턱을 맞고 다시 제자리.

그 다음은 잘 기억이 나지 않습니다. 어떻게 마무리 했는지 모르겠습니다. 정신을 차리고 보니, 트리플보기... 그나마 OK 받아서 양파는 면했습니다. 오잘공 치고, 이게 무슨 **창피**람...

절대 창피한 일이 아닙니다. **'오잘공 치고 뒷땅치기'**는 항상 일어나는 현상입니다. 골프 하면서 누구나 한번쯤 경험하는 일입니다. 왜 그럴까요?

훌륭한 성과를 내거나 성공을 거두고 나면, 성취감을 느끼는 **도파민(dopamine)**이 분비됩니다. 흥분을 전달하는 신경전달물질입니다. 한 마디로 기분 좋게 만들어줍니다.

이 도파민의 특징은 한번 분비되어 기분이 좋아지면 **더 많은 양의 도파민을 원하게 만든다**는 점입니다. 그래서 더 큰 성취감을 맛보기 위해, 더 큰 목표에 도전하게 만듭니다. 좋게 표현하면 100점을 받아 본 아이들을 스스로 더 열심히 공부하게 만드는 성취동기물질입니다. 이것이 심해지면 일중독자, 성공중독자를 양성해 내는 마약 같은 물질입니다.

오잘공을 치고 나면, 도파민이 분비됩니다. 흥분을 느낍니다. 기분이 좋아집니다. 그리고 더 많은 도파민을 원하게 됩니다. 더 큰 성취감을 위해, 버디를 목표로 정하고 도전하게 됩니다. 실패확률보다는 성공가능성에만 집중하게 만듭니다. 그렇게 점점 기대수준이 올라갑니다. 공을 치기도 전에, 공은 이미 홀 옆에 딱 붙어버린 것 같습니다. 그 상태 그대로 유지한 채 공을 칠 수 있다면 어쩌면 다행일 수도 있습니다.

시간이 흐르면, 조금씩 현실을 자각합니다. 한껏 기대수준을 올려 놓고, 그 기대가 이미 달성한 현실인 것 처럼 착각하며 즐기고 있었는데… 현실이 아니라, 지금 내가 해야 할 일임을 깨닫기 시작합니다. 확률이 낮은 도전임을 직감합니다. 이미 현실처럼 착각했던 그 모든 즐거움을 잃어버릴지도 모른다는 두려움이 밀려들기 시작합니다.

상실의 두려움. 모든 불안감은 그곳에서 시작됩니다. 불안은 스트레스를 부릅니다. 아드레날린(adrenaline)이나 코르티졸(cortisol) 같은 스트레스(대응)호르몬을 방출시킵니다. 심장 박동을 빠르게 만들어, 근육에 혈액을 공급하고, 에너지원인 혈당을 공급합니다. 한마디로 근육에 잔뜩 힘이 들어갑니다.

그런 몸 상태에서 한 샷의 결과는? 대부분 '뒷땅'입니다.

흥분 → 기대 → 불안 → 좌절. 이런 패턴이 더욱 뚜렷하게 작동하는 경우는 파5홀 티샷 오잘공 후, 바로 2on을 노리는 경우입니다. 흥분과 기대의 상승으로 우드를 선택했습니다. 그런데 실행을 위해서는 앞 팀이 그린을 비울 때까지 꽤 오랜 시간을 기다려야 합니다. 우드실력이 모자라서가 아니라, 기다리는 동안 감정의 동요가 심해져서, 돌심장이 아니라면, 결국 OB로 끝나고 맙니다.

파5 세컨샷에 우드를 들고 그린을 노렸습니다. OB 났습니다. 그래서 **좌절**했다면? 그 정도면 괜찮습니다. 크게 문제 될 것 없습니다. 만약 **분노**를 느끼기 시작하면? 심각해집니다.

상실의 가능성은 불안의 시작이고, 몸 속에 다양한 스트레스(대응)호르몬을 분비시킵니다. 이 호르몬들의 공통적 기능이 심장박동을 빠르게 만들어, 혈액과 혈당을 충분히 공급하는 것입니다. 한마디로 몸이 힘을 쓸 수 있도록 준비시키는 물질입니다. 따라서 적절한 양의 스트레스(대응)호르몬을 **활력호르몬**이라 부르는 사람들도 있습니다.

이는 기본적인 **회피 또는 투쟁 (Flight or Fight)** 반응입니다. 어두운 숲길을 걷다가, 가까운 곳에서 맹수의 발자국소리나 울음소리를 들었을 때, 여차하면 도망가거나 싸울 수 있도록 몸을 준비시키는 과정입니다.

스트레스(대응)호르몬 중 **노르아드레날린(noradrenaline)**이 가장 강력합니다. 회피가 아니라 **투쟁을 위한 호르몬**입니다. **분노호르몬**입니다. 생명에 대한 위협처럼, 도저히 받아들일 수 없는 현실 앞에서 전투준비를 시키는 호르몬입니다. 외부 자극에 극도로 민감하게 반응할 수 있도록, **이성적이고 합리적인 사고기능은 잠시 꺼버립니다.** 약 5~15분 정도.

파5 세컨샷에 우드를 들고 그린을 노렸습니다. OB 났습니다. 허무하게 날아간 이글 기회, 긴 기다림의 시간에 대한 억울함, 돌아서서 킥킥 웃고 있을 것 같은 동반자들, 날아가버린 체면, 빨리 다시 쳐야 한다는 초조함... 도무지 이 현실을 받아들일 수가 없습니다.

갑자기 분노가 치밀어 오릅니다. 온 몸에 피가 끓어 오릅니다. 외마디 고함을 질렀습니다. 노르아드레날린 덕분에 이성을 잃습니다. 클럽을 마구 휘둘러대기 시작합니다.

정신을 차렸을 때는 이미 2~3홀 지나간 후 입니다. 트리플, 양파, 더블. 민망합니다. 분위기 싸~ 합니다. 아무도 나에게 말을 걸지 않습니다. 어쩌면 다음 라운드에 초청받지 못해도 할 말 없을 듯 합니다.

더 심각한 현상이 기다리고 있습니다. 몸에 힘이 없습니다. 호르몬 작용으로 모든 힘을 끌어다 써버렸기 때문에 체력이 바닥나 버렸습니다. 피곤합니다. 아픕니다. 지친 것 같습니다. 재미없습니다. 집에 가고 싶어집니다.

교장쌤이 항상 즐거운 라운드 하라 했는데.... 면목 없습니다.

[두 개의 엔진]

가만히 있던 공은 어떻게 움직이기 시작할까요? 임팩트 순간 클럽헤드의 운동에너지가 전달되었기 때문입니다. 클럽헤드의 운동에너지는 또 신체의 운동에너지가 전달된 것입니다. 그렇다면 몸은 어떤 에너지로 운동했을까요? 근육세포들이 에너지를 발생시켰기 때문입니다. 근육세포들은 어떻게 에너지를 발생시켰을까요?

아데노신 삼인산 (adenosine triphosphate, **ATP**)은 대부분 생명체의 에너지원입니다. 이 ATP의 인산결합이 떨어지면서 7.3kcal/mol의 열에너지가 방출됩니다.

그렇다면 ATP는 어떻게 만들어질까요? 음식물이 분해되어 포도당이 됩니다. 포도당이 혈액을 통해 근육세포에 전달됩니다. 세포는 이 포도당을 ATP로 전환합니다. 이 때 두 가지 방식이 있습니다.

1) 산소를 활용하는 방법 (The Oxidative System : 호흡계)
세포 속의 미토콘드리아가 산소를 활용하여 포도당을 ATP로 전환합니다. 포도당 하나를 32개의 ATP로 전환합니다. 대신 복잡한 과정을 거치기 때문에 시간이 많이 걸립니다.

2) 당을 분해하는 방법 (The Glycolytic System : 해당계)

포도당을 산소 없이 바로 2개의 ATP로 분해합니다. 효율이 낮은 대신, 빠르게 전환할 수 있습니다. 하지만 이때 발생한 30개의 수소이온이 피로와 통증을 유발합니다.

비유하면 이렇습니다. 천천히 정속주행을 하면, 리터당 32km를 달릴 수 있습니다. 하지만 자동차경주를 시작하면 효율은 리터당 2km로 떨어지지만, 대신 엄청난 속도와 파워를 한번에 끌어냅니다. 물론 기름은 빠르게 고갈됩니다. 그리고 불완전연소 때문에 매연이라는 부작용도 발생합니다.

라운드 중에 불안이나 분노를 느끼면, 회피 또는 투쟁 반응이 시작됩니다. 스트레스(대응)호르몬 분비 → 심박박동 증가 → 혈액공급 증가 → 혈당 대량공급. 그러면 세포에서 해당계가 작동합니다. 빠르게 ATP를 생산해 냅니다.

스윙은 어떻게 될까요? 근육에 잔뜩 힘이 들어가, 유연성이 떨어집니다. 스윙이 변하고 스윙템포도 평소보다 빨라집니다. 정확성이 떨어집니다. 판단도 흐려집니다. 에너지는 넘치기 때문에 제대로 걸리면 장타겠지만, 사실은 실수할 확률이 더 높아집니다. 그 상태가 지속되면 체력이 빠르게 고갈됩니다. 수소이온이 잔뜩 쌓이면 피로와 근육통을 느끼게 됩니다.

정리해 보겠습니다. **심리적 동요란 무엇일까요?**

① 임팩트 직후 나타나는 **흥분. 기대. 불안. 좌절 또는 분노**의 감정상태를 말합니다.
② 하나의 감정상태가 유지될 수도 있고, 시간이 흐르면서 **감정상태는 변해갈 수도 있습니다.**
③ 이런 감정상태에 대응하기 위하여 체내에 **호르몬 작용**이 일어납니다.
④ 감정상태가 유발하는 호르몬 작용으로 사고력/판단력에 영향을 미칩니다. **선택의 단계**에 영향을 줄 수 있습니다.
⑤ 감정상태가 유발하는 호르몬 작용으로 신체적인 변화가 생길 수 있습니다. **실행의 단계**에 영향을 줄 수 있습니다.

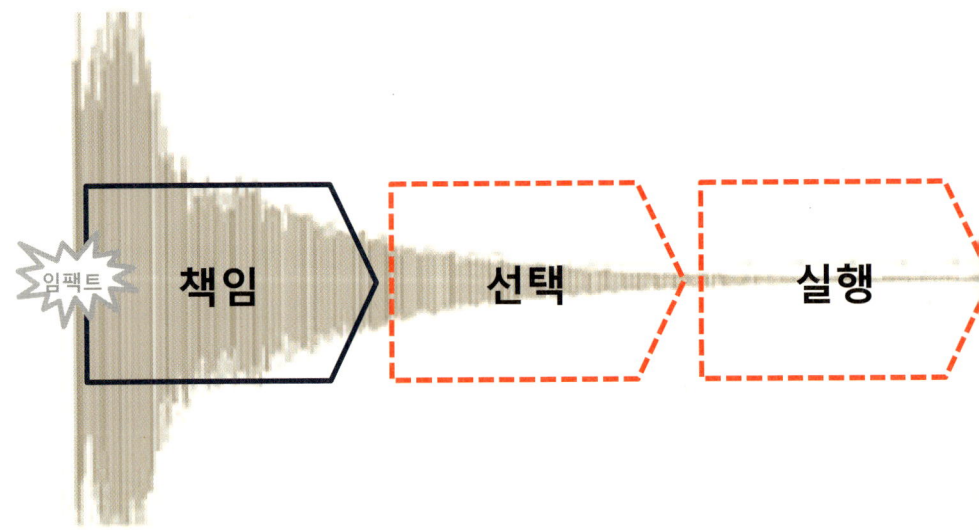

한번의 플레이는 **선택 → 실행 → 책임**의 과정을 거칩니다. 그렇다면 임팩트 이후에 나타나는 **심리적 동요는 책임을 지는 과정**이라고 해석할 수 있습니다. 책임을 어떻게 지느냐에 따라 이어지는 선택과 실행에 계속 영향을 미치게 됩니다.

좋은 선택과 실행을 이어가려면 차분해져야 합니다. 그런데 심리적 동요에는 호르몬 작용이 따라오기 때문에 자연스럽게 차분해 지기 위해서는 많은 시간이 필요합니다. 결국 원활한 경기진행을 위해서는 차분해지기 위한 노력이 필요합니다.

그렇다면 심리적 동요를 안정시키기 위해 어떤 노력을 해야 할까요? 어떻게 다시 차분한 상태로 돌아갈 수 있을까요?

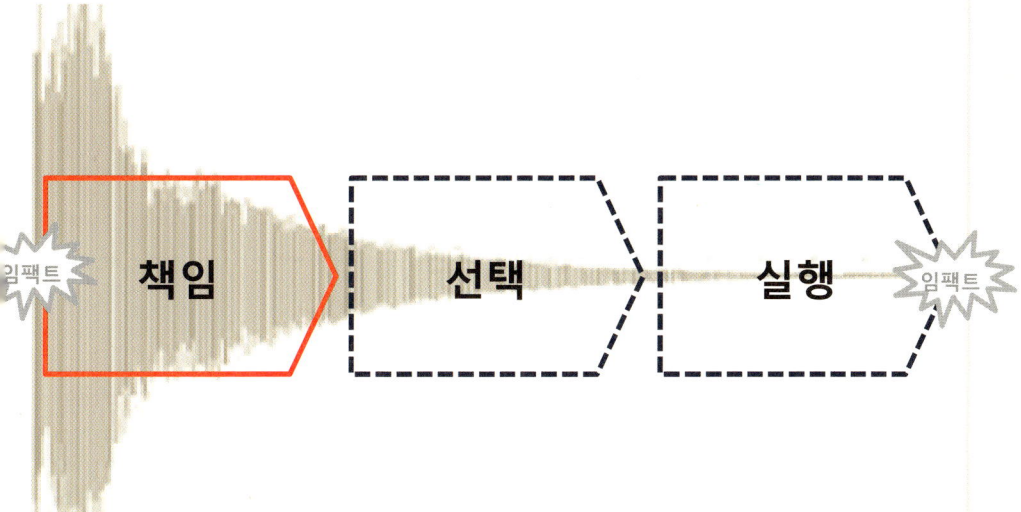

3. 심리적 동요를 진정시키는 방법은 무엇인가?

1) 심호흡과 물마시기

빨라진 심장박동을 진정시키는 가장 쉽고 효율적인 방법은 **심호흡**입니다. 한~두번 크게 심호흡 하십시오. 산소를 충분히 공급한다는 뜻입니다. 세포에 포도당과 산소를 함께 공급해주면, 다시 호흡계가 가동될 수 있습니다. 공급된 포도당의 효율이 높아집니다. 무엇보다 호흡을 천천히 하면, 심장박동수도 같이 낮아집니다. 스윙템포를 유지할 수 있습니다.

또 하나의 가장 쉬운 방법은 **물마시기** 입니다. 혈액량이 증가하고, 혈액농도가 묽어지면서 혈액흐름이 개선됩니다. 포도당과 산소의 공급이 원활해집니다. 심장박동수를 낮춰줍니다.

물마시기는 스트레스 예방차원에서도 중요합니다. 체내에 수분이 모자라면, 경기상황과 상관없이 스트레스가 발생합니다.

4시간 이상 라운드를 하다 보면, 몸에서는 탈수가 계속 진행되기 마련입니다. 체내에 수분이 2%만 줄어도 갈증을 느끼기 시작합니다. 4%가 손실되면 피로감을 호소하고, 12%가 손실되면 무기력 상태에 빠지게 됩니다.

탈수가 일어나면 혈액농도가 높아져 혈액순환이 느려집니다. 주요 장기로 가는 혈액량이 줄어들어 산소와 영양소의 공급이 부족해집니다. 몸은 위급상황으로 판단해 스트레스(대응) 호르몬을 분비합니다. 심장박동이 빨라지고 호흡수가 증가합니다. 악순환이 반복되는 셈입니다.

또 한가지 부작용은 피부에 주름이 질 수 있습니다. 탈수가 있으면 혈액은 모자라는 수분을 세포로부터 빼앗아옵니다. 그러면 세포내의 물이 부족해 점점 메마르고 쪼그라듭니다. 피부의 수분 함량이 떨어지면서 주름이 생깁니다.

심호흡과 **물마시기**는 심리적인 동요를 가라앉히는 가장 쉽고, 간단하고, 효과적인 방법입니다. 하지만 너무 쉽고 단순하기 때문에 오히려 문제가 됩니다. 너무 쉽고 단순하기 때문에 사소하게 받아들입니다. 머리로는 알지만, 사소하다 생각하기 때문에 위기의 순간에 잘 떠오르지 않고, 행동으로 옮기기도 어렵습니다. 그럼 어떻게 해야 할까요?

아침에 인사하기, 학교 갔다 돌아오면 손 씻기, 잠자기 전에 양치하기. 반드시 필요하지만 사소하다 여기기 쉬운 작은 행동을 생활 속에서 활용하도록 유도하는 방법은 무엇일까요? 습관을 들이는 것입니다. 똑같습니다. 심호흡과 물마시기는 습관을 들여야 합니다. 준비과정, 즉 루틴에 포함시키는 것이 가장 좋은 방법입니다.

선수들마다 심호흡과 물마시기를 루틴에서 활용하는 방법은 다양합니다. 제가 주로 권해드리는 방법은 다음과 같습니다.
   1) 모든 홀은 물마시기로 시작한다.
   2) 모든 샷은 심호흡으로 시작한다.

한 홀이 끝나면 점수가 확정됩니다. 그러면 좋은 결과이든, 나쁜 결과이든 심리적 동요가 생기기 마련입니다. 다음 홀로 이동하면서 충분히 즐기고, 충분히 후회하면 됩니다. 그리고 다음 홀에 도착하면, 먼저 물병을 꺼냅니다. 가볍게 한 모금 마십니다. 그렇게 한 홀을 시작하면 됩니다.

많이 마실 필요 없습니다. 한 모금이면 됩니다. 입술만 적셔도 충분합니다. 그것으로 지난 홀의 감정은 씻어 내리고, 새로운 마음으로 시작하면 됩니다. **물은 늘 가까운 곳에 있고, 주기적으로 공급되고 있다는 신호만 주면 됩니다.** 그럼 몸도 불안해 하지 않고, 안정적으로 자신의 역할을 해 줄 것입니다.

Tiger Woods keeping himself hydrated.

심호흡은 좀 더 다양한 방식으로 사용될 수 있습니다.

① 샷을 마치자 마자 휴~

심리적 동요가 생기자마자 가라앉힌다는 의미입니다.

② 이동해서 공의 위치를 확인하고 나면 휴~

이제 받아들이고 선택을 시작한다는 의미입니다.

③ **내 차례가 되면 휴~**

이제 다 정리하고, 다음 플레이를 시작한다는 의미입니다.

④ 공 옆으로 이동하기 전에 휴~

이제 생각을 끝내고, 몸을 움직인다는 의미입니다.

⑤ 백스윙을 시작하기 전에 휴~

이제 가벼운 마음으로 스윙을 시작한다는 의미입니다.

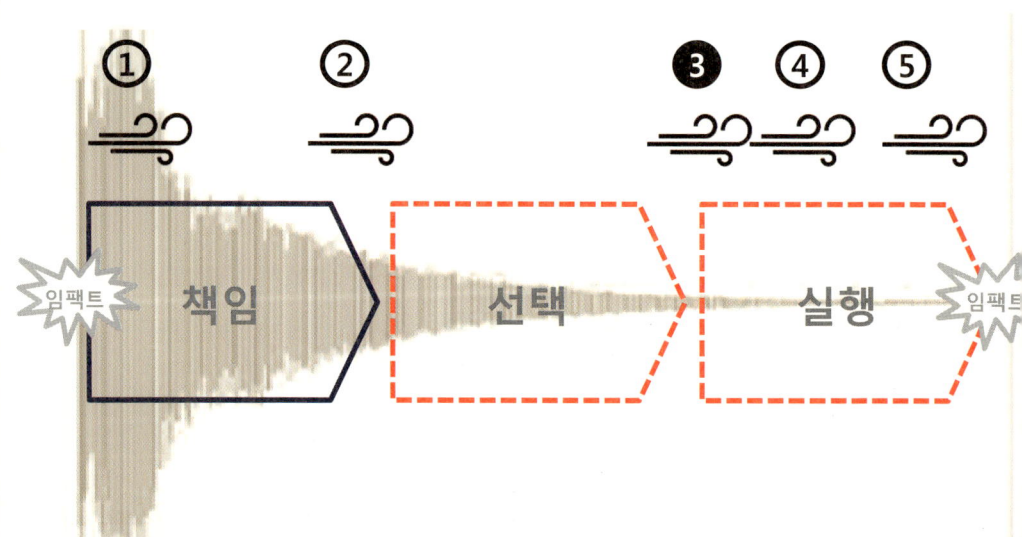

상황에 따라, 필요에 따라 심호흡을 하면 됩니다. 언제 심호흡을 하는 것이 가장 좋은가에 대해서는 개인마다 다릅니다. 자신만의 타이밍을 찾아보세요. 이런 저런 순간에 심호흡을 하다 보면 본인에게 가장 편안한 타이밍을 찾을 수 있습니다. 중요한 것은 **'심호흡을 습관화해서 내 것으로 만든다'** 입니다.

개인적으로는 ③의 타이밍을 가장 선호합니다. 공의 위치가 불확실한 상황이었다면, ②에서 심호흡하는 경우도 있습니다. 다른 분의 심호흡 타이밍을 찾아드릴 때도, 일단 ③에서부터 시도해봅니다. 지금까지 경험으로는 ③ 또는 ④가 가장 많이 선택되는 지점입니다.

2) 받아들이기

직접 해보시면 아시겠지만, ①②번의 심호흡과 ③④⑤번의 심호흡은 성격이 조금 다릅니다. 뒤 쪽의 심호흡들은 새로운 일을 시작하는 과정에서 마음을 다스리기 위한 행동입니다. 앞 쪽 ①②번의 심호흡은 이미 일어난 일을 받아들이기 위해 필요한 행동입니다.

모든 플레이의 과정이 **'선택 → 실행 → 책임'**이라면, 책임의 핵심은 **'실행의 결과를 있는 그대로 받아들인다'** 입니다.

실행의 결과는 결국 3가지로 나눌 수 있습니다.
1) 기대 이상의 결과
2) 기대 만큼의 결과
3) 기대 이하의 결과

기대 이상의 결과를 못 받아 들일 이유가 없습니다. 즐기면 됩니다. 오히려 다음 샷의 기대가 지나치게 올라가지 않도록 주의해야 합니다. 기대 만큼의 결과? 기대한 만큼 나왔는데, 못 받아 들일 이유가 없습니다. 문제는 기대 이하의 결과가 나왔을 때 입니다.

18번홀 보기만 해도 79타인데, 드라이버 티샷이 OB났습니다.
마지막 1m퍼팅만 성공해도 79타인데, 홀 앞에서 멈췄습니다.
자~ 이제 어떻게 해야 할까요?

뭐... 오래 생각할 것 없습니다.
아무리 오래 생각해 봐야 답은 하나입니다.
받아 들여야 합니다.
받아 들이고, 1벌타 후 세번째 샷을 해야 합니다.
받아 들이고, 들어갈 때 까지 다시 퍼팅 해야 합니다.

기대 이하의 결과가 나왔을 때 가장 인간적인 반응들은 **회피, 부인, 분노** 등입니다. 좌절, 부끄러움에 도망가고 싶어집니다. 어쩔 줄 모르고 서있습니다. 그러다 도무지 현실을 인정하고 싶지 않습니다. 그래서 무효로 하고 다시 치면 안될까 하는 생각이 듭니다. 그럴 수 없다는 것을 알기에, 또 화가 납니다.

그렇게 감정의 소용돌이가 크게 한번 일어나는 것은, 지극히 인간적인 반응입니다. 그렇게 한번 휩쓸고 가고 나면......
심호흡 크게 한 번 하고, 물 한 모금 마시고,
받아 들여야 합니다.
이왕 받아 들일 것, 빠르게, 즐겁게 받아 들이면 좋습니다.

2006년의 타이거 우즈

그 해 아버지가 돌아가시는 슬픔을 겪었지만,
다시 돌아와 PGA챔피언쉽을 우승하며 메이저 12승 달성.
당시 나이 만30세. 구력 27년.
그런 그가 인터뷰에서 실수에 관해 언급한 적이 있습니다.

"지금까지 골프를 하면서
수 없이 많은 훅과 슬라이스와 뒤땅과 탑볼을 쳤다.
내가 선수생활을 계속한다면,
또 언제 어디서 나쁜 샷을 치게 될지 모른다.

그래도 과거의 경험에서 깨달은 것이 있다면,
나쁜 샷을 만회하는 유일한 방법은
다음 샷을 잘 치는 것 밖에 없다는 것이다.
다시 말해,
지나간 샷을 가지고 후회해 봐야 소용없다는 것이다.

지나간 실수에 얽매여 있을 이유가 없다.
**어차피 지나간 샷은 지나간 샷이다.
다시 칠 수 없다면 잊어버려야 한다."**

JUST FORGET IT

2007년, 울산상공회의소에서 '마음으로 하는 골프'라는 제목으로 강연을 했었습니다. 멘탈게임에 관한 내용이었습니다. '받아들이기'를 이야기했습니다. 타이거 우즈의 인터뷰내용을 소개했습니다. 한 분이 손을 번쩍 들더니 질문하셨습니다. "사람이 어떻게 그럴 수 있어요?"

기대 이하의 결과. 심호흡 한번하고, 물 한 모금 마시기. **있는 그대로 받아들이기. 잊어버리고, 다음 샷 준비하기.**

너무나 당연하지만, 결코 쉽지 않은 일입니다. 강연장에서의 절규를 생각해보면, 많은 분들이 쉽게 받아들이지 못하는 것이 현실인가 봅니다. 그렇다면 실행의 결과를 받아들이지 못하는 분들은 어떤 행동을 하고 있을까요?

① **회피, 부정, 분노**

가장 원초적인 반응에 머물러 있기도 합니다. "어떻게……?" 하면서 계속 어쩔 줄 모르고 서 있기도 합니다. 무효로 하고 한번만 더 칠께 우기기도 하고, 멀리건을 요청하기도 합니다. 화를 내면서 욕을 하거나, 클럽으로 바닥을 찍기도 합니다. '멘탈이 상당히 약한 분이구나...' 생각하면 됩니다.

분노를 표출한다는 것은 노르아드레날린이 분출되었다는 뜻입니다. 한동안 합리적인 사고와 행동을 할 수 없다는 것을 주변사람들은 직관적으로 압니다. 그러면 본인을 방어하기 위해서라도 무슨 짓을 할 지 알 수 없는 사람 주변으로 다가가지 않습니다. 분노를 표시하고 나면 외로워집니다.

② **탓하기**

결과는 기대 이하인데, 그냥 받아 들일 수는 없고… 외부에서 원인제공자를 찾아 비난하면서, 합리화하고, 마음을 달래고 진정시키는 유형입니다. 날씨, 운, 클럽, 의상, 동반자, 캐디… 골프가 안 되는 이유는 무궁무진 합니다.

가볍게 한 두 마디 하고 지나가는 것은 상관 없습니다. 본인 멘탈을 지키는 하나의 방법이 될 수 있기 때문입니다. 그런데 계속 그러고 있으면, '멘탈이 약한 분이구나…' 하면 됩니다.

운. 행운에 양심의 가책을 느끼는 분들도 있습니다. 불운을 두고두고 큰 소리로 원망하는 분들도 있습니다. 하지만 바비 존스의 말대로 **'길게 보면 운은 공평합니다.'** 불운이 따르면 미래에 찾아 올 행운을 미리 하나 저축해 두었다고 생각하면 됩니다. 행운이 따르면 즐기면 됩니다. 자격은 충분합니다.

③ 자책하기/자학하기

가끔 자학을 하시는 분들도 있습니다. "바보 같이, 그것도 하나 제대로 못하고…" "내가 원래 그렇지" "그 동안 뭐 배웠냐?" 마치 남을 욕하듯 스스로를 자학하고 계신 분들도 있습니다.

자존심이 강한 분들입니다. 스스로를 완전무결한 존재여야 한다고 생각합니다. 그러다 보니 본인이 한 실수를 받아 들일 수 없습니다. 그래서 나온 해결책이 스스로를 두 개의 자아로 분리하는 것입니다. '완전무결한 나 자신'과 '실수한 나 자신'. 전자가 후자를 욕하면서, 후자는 내가 아니라고 취급합니다. 오직 '완전무결한 나 자신'만을 나라고 인정하려 합니다.

'자아분열적 완벽주의자구나….' 생각하면 됩니다. 그렇다면 완벽주의자는 멘탈이 강할까요, 약할까요? 외견상 강해 보입니다. 끊임없이 자신을 채찍질 하면서 노력하는 모습을 보면 정말 강해 보입니다. 덕분에 빠르게 성장하고, 훌륭한 성과를 남기는 것을 지켜보며 감탄하기도 합니다.

그런데 그것이 지속가능 할까요? 끊임없이 질책 당하고 상처 받고 있는 '실수하는 나 자신'은 내가 아니던가요? 스스로 낸 상처가 쌓이고 쌓이면…. 과연 얼마나 오래 버틸 수 있을까요?

④ 꼼수부리기

현실을 받아 들일 수 없다는 것이 심리적 동요로만 머무르면 그나마 다행입니다. 가끔은 아예 현실을 바꾸려고 꼼수를 사용하기도 합니다. 공을 발로 차서 옮겨 놓거나, 찾을 수 없는 공을 대신해서 주머니의 공을 몰래 하나 내려놓는 '알까기'가 대표적인 꼼수입니다.

세 가지 유형이 있습니다.

첫째, 몰라서 그러는 경우입니다. 친절하게 알려주면 됩니다.

둘째, 유혹에 빠진 약한 양심인 경우도 있습니다. 크게 걱정할 필요는 없습니다. 죄의식에 심리적 동요가 오히려 더 커집니다. 결국 그 홀은 완전히 망하는 경우가 더 많습니다. 한 번 그러고 나면 대부분 다시는 그러지 않습니다.

셋째, 상습범입니다. 꼼수 없이는 점수를 유지할 수 없는 약하고 불쌍한 멘탈입니다. 임자 만나 정신차리는 듯 하다가도, 다시 꼼수에 의존하는 경우도 많습니다. 평판이 좋을 리 없고, 계속 팀을 옮겨 다니다가, 결국은 외로워질 수 밖에 없습니다.

기대 이하의 결과. 심호흡 한번하고, 물 한 모금 마시기.
있는 그대로 받아들이기. 잊어버리고, 다음 샷 준비하기.

너무나 당연하지만, 결코 쉽지 않은 일입니다. 회피도 하고, 부정도 하고, 분노도 합니다. 외부에서 핑계거리를 찾아 비난하기도 하고, 스스로를 심하게 자책하며 '완벽한 나 자신'을 보호하기도 합니다. 심하면 받아들일 수 없는 현실을 바꿔보려고 꼼수를 부리기도 합니다.

그런데 말입니다.... 기대 이하의 결과를 받아들이기가 그렇게 어려운 것일까요?

내가 실수 하는 것이 그렇게 받아들이기 어려운 현상일까요? 나는 항상 100% 완벽한 골퍼였던가요? 생각해 보면 그 동안 좋았던 플레이보다, 실수 했던 플레이가 더 많지 않았던가요? 한 두 번 실수했던 것도 아닌데, 한번 더 실수했다고 그것이 받아들일 수 없는 일이 되어버리는 것일까요?

그리고 한 번 실수했다고 그 홀은 반드시 망하는 홀인가요? 조금만 주의해서 실수를 반복하지만 않는다면, 보기나 더블보기로 충분히 막을 수 있지 않을까요? 한번 실수에도 불구하고 훌륭하게 파로 마무리 한 경험은 없나요?

어린 아이가 걸음을 걷습니다. 뒤뚱거리다 넘어집니다. 그런 아이에게 '어휴~ 바보같이 또 넘어졌어? 이렇게 걸어야 넘어지지 않지'라고 가르치지 않습니다. 넘어져서는 안되고, 넘어지면 나쁜 일이고, 또 넘어지면 야단맞는다고 생각하게 되면 다시 일어나 걸음마를 시도하는 것이 두려워질지도 모릅니다.

오히려 "괜찮아, 넘어질 수 있지, 넘어지면 이렇게 다시 일어나면 되지. 봐! 아무일 없지?"라고 이야기 할 수도 있습니다. 그렇게 넘어져도 다시 일어나는 법을 배우면, 주눅들지 않고, 아무일 없다는 듯 다시 일어나 걸음마를 시도합니다. 그렇게 계속 시도하다 보면 익숙해집니다. 넘어지는 경우가 줄어듭니다. 더 익숙해집니다. 달려봅니다. 달리다 또 넘어집니다. 다시 일어나, 걷다가, 탄력 붙으면 다시 달리면 됩니다.

내 몸은 가끔 실수를 합니다.
그 사실을 인정하면 됩니다.
그리고 '실수하는 나 자신'도 '나' 입니다.
스스로 잘 감싸주고 보살펴서, 다시 일어서면 됩니다.
그러다 보면 실수하지 않고, 한 홀을 마감하는 날이 옵니다.
트리플보기 없이, 한 라운드를 마감하는 날이 옵니다.
나를 믿고, 나에게 시간을 조금만 더 주면 됩니다.

골프는 게임, 즉 놀이입니다. 놀이의 본질은 즐기는 것입니다. 고수가 된다는 것은 **어떠한 상황에서도 즐길 수 있게 된다**는 뜻입니다. 공부하면서 배운 것은 아닙니다. 위대한 선수들의 인터뷰를 분석하면서 알게 된 것도 아닙니다. 골프유학 시절, 친구가 알려준 소중한 교훈입니다.

380야드의 비결 by Tynan McCarthy

2006.3.10

타이넌 맥커시(Tynan McCarthy). 친구들은 그냥 '타이' 라고 부릅니다. 놀린다고 가끔씩 '티나' 라고 부르기도 합니다. 그런데 이 친구랑 같이 라운드하고 나면 절대로 그런 소리 못합니다. 감히 말씀 드리는데, 공이 날아가다 나무에 맞아서 떨어지지 않는 이상, 한번도 300야드 이하로 날아가는 것을 본 적이 없습니다.

오늘도 같이 라운드를 했는데, 제일 적게 나간 것이 320야드이고 제일 멀리 나간 것이 380야드였습니다. 480야드 비교적 짧은 파5, 드라이버 치고 나니 100야드 남았습니다. 또 다른 파5, 세컨샷 남은 거리가 165야드였습니다. "몇 번 칠 거니?" "9번 아이언" 치고 나서 한마디 합니다. "조금 길었네……"

끝나고 맥주 한잔 하며 바보 같은 질문을 해 봤습니다.

"타이, 대체 비결이 뭐야?"

"케빈, 그게... 나 야구부 투수 출신이거든... 그것이 비결이야."

"뭐라고? 대체 무슨 소리야?"

"케빈, 나는 중학교 때부터 대학 졸업할 때까지 야구선수였어. 그것도 투수였지. 투수들이 대부분의 훈련시간에 뭐 하는 줄 아니? 달리기해. 하체단련을 위해서지. 그리고 체육관에서 투구에 필요한 근육을 단련하면서 시간을 보내. 허리, 복근, 등, 어깨, 팔. 실제로 공을 던지고, 기술적인 지도를 받는 것은 생각보다는 많지 않아. 그런데 말이야, 투수가 강속구를 던지기 위해서 하는 firing 동작이나 드라이버를 치면서 임팩트 순간에 하는 firing 동작이 정확하게 똑같거든, 사용하는 근육도 당연히 똑같고..."

......

"그나저나 그렇게 멀리 치다 보니 공이 페어웨이가 아닌 이상한 곳으로 가는 순간이 많이 생기잖아."

"케빈, 이 골프라는 게임에서 제일 재미있는 부분이 뭔지 아니? 바로 네가 말한 이상한 장소에 공이 있을 때야. 그때가 제일 재미있어. 이걸 어떻게 칠까? 생각을 해야 하잖아. 창의적일 수 있는 완벽한 기회야. 골프는 재미를 위한 거고, 그 이상한 곳이 바로 재미있는 곳이야!!!

도전을 해봐. 너 자신을 곤란한 곳에 몰아 넣고, 창의적인 방법으로 그 곳에서 빠져 나오는 것을 즐겨봐. 그거 아니? 만회할 기회는 언제라도 있어."

(That is the perfect chance to be creative!!! This game is for fun!!! That is the fun place!!! Try challenging things, put yourself in trouble position, get creative, and enjoy getting out of there. You know what? There are always chances to recover!!!)

바보 같은 질문을 또 했다는 생각이 들었습니다. 그리고 타이이 친구는 게임을 즐길 줄 아는 친구라는 생각도 했습니다. 그리고 틀림없이 인생을 즐길 줄도 아는 친구일 거라고 생각했습니다.

3) 그래서 목표는?

선택을 하고, 실행을 했습니다. 결과가 나왔습니다. 심리적인 동요가 일어납니다. 크게 심호흡을 합니다. 물 한 모금 마셔 봅니다. 이런 저런 생각을 해 봐도 받아들이기는 것 외에는 방법이 없습니다. 받아들이기로 했습니다...

그런데 그래도 아직 뭔가 아쉽습니다.

심리적 동요가 잦아들기 시작했지만, 아직 뭔가 남아있다면, 적절한 시점에 강제로 꺼버려야 합니다. 남은 불을 꺼버리는 마법의 주문이 있습니다. **'그래서 목표는?'**

결과를 받아 들인다는 것은 (비록 내가 원했던 장소는 아니라 하더라도) 공이 멈춘 위치를 받아들인다는 뜻입니다. 선택을 한다는 것은 그곳을 출발점으로 해서, 공을 다음에는 어디로 보낼지 새로운 목표를 정한다는 뜻입니다. '그래서 목표는?' 바로 다음 플레이를 시작하는 주문입니다.

'그래서 목표는?'이라는 질문을 하면서, 이전 플레이의 잔불을 강제로 꺼버리고, 다음 플레이로 넘어가 버려야 합니다.

So, What Is Target?

[심리적 동요를 적게 발생시키는 방법은 무엇인가?]

모든 플레이의 결과는 결국 3가지로 나뉩니다.
1) 기대 이상의 결과
2) 기대 만큼의 결과
3) 기대 이하의 결과

그린을 향해 샷을 했습니다. 홀을 지나가기는 했지만 그린에 멈췄습니다. 10m 정도의 내리막 퍼팅을 남겨둔 상태입니다. 이 결과는 기대 이상의 결과일까요, 기대 이하의 결과일까요?

그것은 플레이를 하기 전, 어디를 목표로 삼았고, 어떤 기대를 했느냐에 따라 달라집니다. 홀을 목표로 삼았습니다. 지금 같은 컨디션이면, 홀 주변 2m 이내에 붙여 버디기회를 만들 수 있다고 기대했습니다. 그렇다면 10m 지나간 상태는 기대 이하의 결과입니다.

왼쪽/앞쪽의 벙커와 오른쪽의 물을 피하는 것이 중요하다고 생각했습니다. 그래서 그린 왼쪽/뒤쪽을 목표로 삼았습니다. 조금 길어 그린을 벗어나도 상관 없다고 생각했습니다. 그렇다면, 그린 위에 공을 세운 것은 기대 이상의 성과가 됩니다.

같은 결과라도 애초 기대수준이 무엇이었느냐에 따라 결과는 기대 이상일 수도 있고, 기대 이하일 수도 있다는 뜻입니다.

그렇다면, 한번쯤 다시 생각해 봐야 하는 문제가 있습니다. 샷을 했습니다. **기대 이하의 결과가 나왔습니다. 이 결과는 실행을 잘못해서 생긴 것일까요, 아니면 처음부터 기대수준이 너무 높아서 생긴 것일까요?**

적절한 수준의 기대였지만, 이런저런 실행상의 이유로 결과가 나빠졌을 수도 있습니다. 때로는 기대수준이 너무 높아서 평균적인 결과임에도 불구하고 잘못된 것처럼 느껴지기도 합니다. 아니면 과도한 기대수준 때문에, 오히려 몸도 마음도 위축되어 실행이 잘못되었을 수도 있습니다.

한번의 플레이 이후에는 반드시 심리적 동요가 발생합니다. 하지만 이 심리적 동요가 클 수도 있고, 작을 수도 있습니다. **심리적 동요가 적다면 쉽게 받아 들이고, 빠르게 진정시킬 수 있습니다.**

그렇다면 심리적 동요를 적게 발생시키려면 어떻게 해야 할까요? **선택의 과정에서 적절한 수준의 기대를 형성하는 것이 중요합니다.** 차분하게 다음 샷을 준비하는 것이 필요합니다.

4. 차분하게 다음 샷을 준비하는 방법은 무엇인가?

장면 #1

샷을 했습니다. 기대 이상의 결과가 나왔습니다. 흔쾌히 받아 들입니다. 아주 기분 좋게 '그래서 목표는?'하고 물었습니다. 1초의 망설임도 없이 답이 튀어나옵니다. '깃발!!! 가즈아~!!!' 물도 벙커도, 아무 것도 눈에 들어오지 않습니다.

장면 #2

290m 짧은 파4홀. 그린 앞을 작은 호수가 지키고 있습니다. 드라이버 티샷으로 호수에 최대한 가까이 붙인 다음, 호수를 넘기는 웨지샷을 생각했습니다. 내심 버디를 기대했습니다. 힘껏 휘둘렀습니다. 픽~ 낮게 날아가던 공이 금방 땅에 떨어지더니 한참을 떼굴떼굴 굴러갔습니다. 얼굴이 화끈거립니다.

남은 거리 180m. 이 화끈거림을 지워야겠다고 생각합니다. 빨리 실수를 극복해야겠다고 계획합니다. 멋있는 한방으로 체면을 다시 세우겠다고 마음 먹습니다. 우드를 꺼내 듭니다. 한방에 물을 넘기겠다는 결연한 각오를 다집니다. 물도 나를 가로막지는 못합니다.

장면 #3

샷을 했습니다. 오른쪽 연못에 빠졌습니다. 기대 이하의 결과. 눈물을 머금고 1벌타 후 드롭을 했습니다. 다행이 잘 정리된 페어웨이 입니다. 100m. 평소 같으면 아무 문제 없는 거리입니다. '그래서 목표는?' '그린중앙' 대답은 그렇게 했습니다.

그런데 한번 좌절했던 마음은 슬금슬금 딴 생각을 하기 시작합니다. '혹시 또 오른쪽으로 밀려서 물에 빠지면 어떡하지...?' 갑자기 그린 왼쪽/앞쪽에 놓여 있는 벙커가 눈에 들어옵니다. '이거 올라가야, 3on인데... 보기를 해야 79타인데...' 생각은 멀리 달아나기 시작합니다. 두렵습니다. 몸이 얼어붙습니다.

1) 흥분과 게임플랜

기대 이상의 결과가 나왔습니다. 성취감을 느끼게 해주는 도파민(dopamine)이 분비됩니다. 기분 좋습니다. 더 큰 흥분, 더 큰 성취감을 느껴보고 싶습니다. 몸은 더 많은 도파민의 분비를 요구합니다. 기대수준이 한껏 올라갑니다. 더 큰 목표에 도전해야 할 것 같습니다. 도전만 하면 쉽게 해낼 수 있을 것 같습니다. 빨리 도전하고 싶습니다. 마음이 급해집니다.

자연스러운 과정입니다. '버디 이후 OB' '오잘공 다음 뒷땅'은 늘 일어나는 현상입니다. 별다른 대응이 없으면, 늘 그렇게 당할 수도 있다는 뜻입니다. 어떻게 해야 이 천당과 지옥을 오가는 과정에서 벗어날 수 있을까요?

게임플랜(Game Plan)을 고수해야 합니다. 사전에 세운 게임플랜이 없다면 그 자리에서 만들어야 합니다. **소리 내서 입 밖으로 말하면 더 효과가 좋습니다.**

'드라이버 잘 쳤고, 남은 거리 얼마 되지 않으니 깃발을 목표로 친다. 붙으면 버디 잡는다.' 이것은 게임플랜일까요, 아닐까요? 79타를 하기에 충분한 게임플랜일까요? 79타를 위한 게임플랜이란 대체 어떤 것일까요?

79타를 위한 게임플랜은 세 가지를 갖추고 있어야 합니다.

① 거쳐가는 지역, 거리, 사용할 클럽에 대한 계획이다.
드라이버 – 7번 – 웨지 – 퍼터 – 퍼터, 3on 2putt, 보기.
티잉그라운드에서 시작해서 홀을 마무리하는 과정까지 계획이 있어야 합니다. 점수도 포함입니다. 기본입니다.

② 위험에 대한 고려가 있어야 한다.
79타를 위해서는 트리플보기가 없어야 합니다. 트리플보기를 피할 수 있다면, 때로는 안전한 보기를 선택하기도 합니다. 치명적인 실수가 없어야 합니다. 그래서 OB, 물, 벙커, 깊은 러프 같은 위험요소에 대한 고려가 반드시 있어야 합니다.

가장 좋은 것은 위험요소들을 피해가는 것입니다. 웬만하면 위험요소를 가로지르지 않습니다. 피해가기 위해서 필요하면 한 타를 더 사용할 수도 있습니다. 그것이 훨씬 경제적입니다.

③ 쉽게 할 수 있는 플레이로 구성되어야 한다.
게임플랜에 들어온 플레이는 그 동안 자주 해 봤고, 그래서 쉽게 할 수 있는 플레이, 언제 시도해도 자신 있는 플레이로 구성되어 있어야 합니다.

Never try a shot you haven't practiced.

연습하지 않은 샷은 시도하지 마라.

미국에서 가장 존경 받는 골프선생님, 하비 패닉의 말입니다. 저는 이 말을 다음의 세 가지 의미로 해석합니다.

① **충분히 연습했고, 편하게 할 수 있는 샷만 시도하라.**
모든 게임플랜은 편안한 샷으로 구성되어야 한다는 것과 같은 맥락입니다.

② **연습하지 않은 샷을 시도한다면, 많은 기대를 하지 마라.**
경우에 따라서는 연습하지 않은 창조적인 샷들을 해야 하는 순간이 있습니다. 그럴 때는 많은 기대를 하지 않는 것이 좋습니다. OB날 수도 있다고 생각하는 것이 오히려 마음을 편하게 만들고 성공확률을 높이기도 합니다.

③ **필드에서 아쉬웠던 샷이 있다면, 시도해 보고 싶은 샷이 있었다면, 충분히 연습하라. 편안하게 느낄 때 까지…**
충분히 연습해야 합니다. 연습을 했으면 필드에서도 시도해봐야 합니다. 처음에는 벌타 나고 불편하겠지만 믿고 시도하다 보면, 언젠가 편안하게 구사할 수 있게 됩니다.

하비 패닉 Harvey Morrison Penick (1904 ~ 1995)

텍사스 오스틴 출생. 8살에 오스틴컨트리클럽에서 캐디생활 시작했습니다. 13살에 보조프로가 되었고, 고등학교 졸업 후 헤드프로로 승진하여, 1923~1973년까지 50년간 많은 사람들에게 골프를 가르쳤습니다. 본인은 선수 경력이 없지만, 벤 크라쇼를 비롯한 많은 프로선수들을 지도하여 명예의 전당에 입성시킵니다. 그도 2002년 명예의 전당에 이름을 올립니다. 그의 지혜를 책으로 엮은 "리틀 레드 북 Little Red Book"은 골프계의 고전으로 자리잡고 있습니다.

티샷 하기 전, 그 홀의 게임플랜을 미리 세우는 것이 가장 좋습니다. 필드훈련 나가면 티샷하기 전에 물어보기도 합니다.

교장쌤 : 티샷은 뭐로 할 거에요?

동반자 : 드라이버요.

교장쌤 : 어디로 보내실 거에요?

동반자 : 왼쪽 벙커 피해서 페어웨이 오른쪽요.

교장쌤 : 그럼 그 곳에서 두 번째 샷은요?

동반자 : 5번 우드로 개울을 넘겨서 쳐야죠.

교장쌤 : 5번 우드는 편하세요?

동반자 : 제가 자주 사용하는 아이라... 편해요.

교장쌤 : 그럼 공은 그린 어디에 떨어질까요?

동반자 : 흠.... 개울은 충분히 건널 것 같은데, 잘 맞으면 그린으로 갈 수도 있고, 그린 앞에 떨어질 수도 있고....

교장쌤 : 그린에 올라가지 못한다면 어디로 보내실 거에요?

동반자 : 오른쪽에 벙커가 있으니 왼쪽/앞쪽에서 칩샷하면 좋겠네요.

교장쌤 : 그럼 이번 홀은 드라이버-5번우드-웨지-퍼터-퍼터. 보기해도 좋고, 파 하면 정말 좋고... 인가요?

동반자 : 네^^

누구도 미래를 알 수 없습니다. 모든 불안의 출발점입니다. 그래도 앞으로 일어날 일을 미리 한번 둘러보는 것 만으로도 마음이 한결 가벼워집니다. 그 계획이 모두 쉽게 할 수 있는 샷들로 구성되어 있다면, 마음은 더 편해질 것입니다.

물론 미리 둘러본 대로 일이 일어나는 것은 아닙니다. 그래도 닥친 상황과 원래 계획을 비교하면서 빠르게 적응해 나갈 수 있습니다. 계획보다 나빠졌더라도, 잘 따지고 보면 크게 손해 본 것이 없을 수도 있습니다. 꼭 필요하면 한 타를 추가한 후 기회를 모색하면 됩니다.

계획보다 좋아졌다면... 오잘공이 나와서 왠지 마음이 흥분되면 처음에 세운 게임플랜을 떠 올려야 합니다. 그리고 슈퍼세이브가 일어났는지 아닌지 생각해보면 됩니다. 슈퍼세이브가 아니라면 사실은 크게 흥분할 일도, 계획을 수정할 일도 별로 없습니다. **Stick to your Game Plan. 게임플랜을 고수하라.** 흥분을 제어하는 가장 좋은 약입니다.

만약 게임플랜이 없는 상태에서 흥분을 만나게 된다면, 빨리 그 자리에서 계획을 한번 세워봐야 합니다. 핵심은 위험을 피해갈 수 있는, 그리고 내가 편하게 할 수 있는 샷들로 구성해야 한다는 점입니다.

그런데... 흥분한 상태라면 모든 것이 쉽게 느껴진다는 것이 함정이라면 함정입니다. 진실로 쉽게 할 수 있는 샷으로 게임플랜을 구성한다는 것은 어려운 일입니다.

그럴 때는 **자신의 계획을 소리 내 말해야 합니다.** 머리 속이 아니라 입 밖으로 소리를 낸다는 것은, 다른 사람이 들을 수 있다는 뜻입니다. 객관화시킨다는 뜻입니다. 반드시 누가 들을 필요는 없습니다. 소리를 내는 것만으로도 신중해집니다. 약속을 지켜야 하기 때문에 오히려 집중력도 높아집니다.

게임플랜이 있으면 좋은 점이 또 있습니다. 효율적으로 경기를 운영할 수 있습니다. 상황을 보고 다음 플레이를 결정하고 있다면 심리적 에너지를 많이 사용합니다. 매번 받아들여야 하고, 매번 생각해야 하고, 매번 선택해야 합니다. 피곤합니다.

게임플랜이 있으면 상황에 따라 약간의 조정만 하면 됩니다. 크게 힘들이지 않고, 쉽게 쉽게 진행할 수 있습니다. 편안한 플레이로 구성된 제대로 된 플랜이라면 상황의 변화가 크게 일어날 것도 없습니다. 조금씩만 조정하면 됩니다.

그렇게 심리적 에너지를 잘 저장했다가, 다음 홀에서 충분히 에너지를 사용하여 게임플랜을 잘 세우면 됩니다.

79타를 위한 게임플랜. 화려하고, 모험적이고, 공격적인 샷들로 구성된 계획이 아닙니다. 보기를 해도 좋으니, 쉽게 쉽게 풀어갈 수 있는 계획이어야 합니다.

쉽게 쉽게 풀어가고 싶은데… 내가 쉽게 쉽게 구사할 수 있는 거리나 클럽, 샷의 종류가 부족하다고 느껴진다면… 준비가 안된 것입니다. **연습해야 합니다.**

2) 좌절과 만회의 기회

다시 장면 #2

290m 짧은 파4홀. 그린 앞을 작은 호수가 지키고 있습니다. 드라이버 티샷으로 호수에 최대한 가까이 붙인 다음, 호수를 넘기는 웨지샷을 생각했습니다. 내심 버디를 기대했습니다. 힘껏 휘둘렀습니다. 픽~ 낮게 날아가던 공이 금방 땅에 떨어지더니 한참을 떼굴떼굴 굴러갔습니다. 얼굴이 화끈거립니다.

남은 거리 180m. 실수를 만회하겠다는 생각에 우드를 꺼내 들었다면… 우리는 이 선택을 어떻게 봐야 할까요?

라운드를 하다 보면 실수는 생기기 마련입니다. 실수는 그냥 받아들이면 됩니다. 곰곰이 생각해 보면 실수가 났다고 모두 치명적인 것은 아닙니다. 전혀 손해난 것이 없는 경우도 있고, 잘 운영해서 손해를 최소화 할 수도 있습니다. 한 타의 손해가 났다면, 깔끔하게 손해를 인정하면 됩니다.

그런데 사람 마음이라는 것이 그렇게 단순하지만은 않습니다. 손해가 발생하면 만회하고 싶어지는 것이 자연스러운 마음의 흐름입니다. 그러니 손해를 만회해야겠다는 생각을 버리라고 말할 수도 없습니다.

대신 한 가지 물어 볼 수는 있습니다. **꼭 실수한 그 홀에서, 바로 그 다음 샷으로 만회해야 하는 것일까요?** 혹시 다음 홀에서 만회하면 안 될까요? 아직 라운드가 남아있으니 기회가 오면 만회해도 되지 않을까요? 좀 더 길게 보고, 다음에 다시 한 번 방문해서 실수를 만회하는 것은 어떨까요?

기회에 관한 세 가지 이야기

제가 골프대학 다니던 시절의 이야기입니다. 저는 입학 당시부터 스윙이 좋다는 평가를 받은 유망주였습니다. 로이(Roy) 선생님은 심지어 이런 이야기까지 하시더군요. "내가 20년 이상 학생을 가르쳐 봤는데 말이야, 너 정도 스윙이면 75타 정도를 쳐야 제 실력이라고 말할 수 있어."

하지만 당시 제 실력은 90대 정도였습니다. 가끔 100개를 치기도 했고요. 왜 그랬을까요? 퍼팅을 못해서 였습니다. 퍼팅 사정거리가 80cm도 되지 않았으니까요....

제가 80cm퍼팅도 성공하지 못한다는 사실을 처음 알았을 때, 당황했습니다. 그리고 오기가 났습니다. 홀 주변에 네 개의 티를 꽂아놓고 돌아가면서 퍼팅연습을 시작했습니다. 몇 개나 연속으로 넣을 수 있는지 계속 세어보았습니다.

1, 2, 3, 실패… 처음 부터 다시. 34, 35, 36, 실패… 처음부터 다시. 87, 88, 89, 실패… 다시. 그렇게 매일 매일 기록을 갱신해 나갔습니다. 그러던 어느 날 111개 까지 연속으로 성공했습니다. 그 날은 3시간 동안 퍼팅만 했던 기억이 있습니다.

그 이후에 놀라운 변화가 찾아왔습니다. 라운드마다 버디를 하나씩 잡기 시작했습니다. 그 전에는 1m 버디기회도 항상 떨다가 성공하지 못했습니다. 그런데 어느 순간 부터 '이거… 연속으로 100개 넘게 성공한 적도 있는데…' 라는 생각이 들기 시작했습니다. '1m 버디 퍼팅'이 **'버디'퍼팅**이 아니라 그냥 **늘 쉽게 하던 '1m 퍼팅'**으로 보이기 시작했습니다.

그 때 깨달았던 첫 번째 이야기
'무엇보다 먼저 기회를 잡을 수 있는 능력을 갖춰야 한다.'

그럼 버디 기회에서 버디를 잡는 능력이 생기면서, 제 점수는 나아졌을까요? 사실 그렇지는 않았습니다. 버디기회를 만들겠다고 덤비기 시작했으니까요… 그린을 향해 샷을 할 때는 오직 깃발만 선택했습니다. 돌아온 것은 수많은 벙커와 물과 벌타 였습니다. 기회란 억지로 만들어지는 것이 아니더군요. 기회란 그저 성실하게 플레이 하다 보면 찾아오는 선물 같은 것임을 알게 되었습니다.

비싼 값을 치르고 깨달았던 두 번째 이야기
'기회를 참고 기다리는 능력이 있어야 한다.'

기회가 오면 나는 잡을 수 있다는 믿음이 생겼습니다. 무리해 덤비지 않고, 참고 꾸준히 진행하면서 기다리다 보면 기회는 반드시 온다는 믿음이 생겼습니다. 점수가 안정되기 시작했습니다. 라운드 중에 마음도 많이 진정되었음을 느꼈습니다.

그러자 어느 날부터 이런 생각을 하고 있는 저 자신을 보게 되었습니다. '5홀 남았네. 파3 1홀, 파4 3홀, 파5 1홀. 이 홀은 보기만 해도 다행이고... 오늘 정도 샷 컨디션이면, 두 번 정도 버디 기회가 오지 않을까? 그리고 퍼팅컨디션을 보면 두 번 중 한번은 떨어지겠네. 아직 버디 하나 남았네^^'

약간 건방지지만 깨달았던 세 번째 이야기
'때가 되면 기회의 흐름을 읽는 능력이 생긴다.'

실수는 생기기 마련입니다. 실수가 있으면 만회하면 됩니다. 만회가 바로 다음 샷일 필요는 없습니다. **길게 보고 기다리면 기회는 반드시 옵니다.** 그러니 발생한 손해는 받아들이세요. 일단은 편안한 상태로 돌아오는 것에 집중하시기 바랍니다.

3) 불안과 목표에 대한 집중

골프장에는 반드시 물이 있습니다. 왜? 잔디는 햇빛과 물과 모래가 필요한 존재이기 때문입니다. 물이 있어야, 잔디도 있습니다. 잔디가 있어야, 골프장도 있습니다.

그러다 보니, 가끔 샷을 준비하며 이런 생각을 하기도 합니다. '혹시 물에 빠지면 어떡하지...' 그런 생각을 했을 때의 결과는? 대부분 물에 빠집니다. 왜 그럴까요?

눈과 손의 협응관계 Eye-Hand-Coordination
눈이 타겟을 바라보면 손은 타겟을 향해 움직입니다.

모든 운동의 기본원리입니다. 농구선수가 슛을 할 때 골대를 바라봅니다. 야구의 외야수가 홈송구를 할 때도 포수를 바라봅니다. 집에서 다트던지기를 할 때도, 심지어 동네 꼬마들이 구슬치기를 할 때도 눈이 타겟을 바라보면 손이 움직입니다.

도구를 이용한 타겟게임(Target game)도 동일합니다. 양궁, 사격, 테니스, 하키, 야구의 타자 등등... 골프도 클럽으로 공을 쳐서, 원하는 곳으로 공을 보내는 타겟게임입니다. 당연히 눈과 손의 협응관계가 작동합니다.

코끼리를 생각하지 마세요.

위의 문장을 읽는 순간, 대부분 사람들의 머리 속에는 코끼리 이미지가 떠 오릅니다. 그리고 확~ 지워버립니다. 우리 두뇌에서 이미지를 관장하는 영역은 '하지 말라'는 부정문을 이해하지 못합니다. 자극을 받으면 그냥 떠 오릅니다.

어드레스를 했습니다. 눈은 공을 바라보고 있습니다. 그때 '물에 빠지면 안 되는데...'라는 생각이 남아 있으면, 두뇌는 자연스럽게 물의 이미지를 떠 올립니다. 손은 그것을 목표라고 인식합니다. 손은 눈으로 보고 있는 '공'을 정확하게 쳐서, 목표로 인식한 '물'을 향해 정확하게 날려보냅니다. 인체의 자연스러운 작동방식 입니다.

그럼 어떻게 해야 할까요? [리틀 레드 북]에 있는 하비 페닉 선생님의 지혜를 다시 한번 빌려보겠습니다.

> Take dead aim.
> This is a good way to calm a cave of nerves.
> It's the most important advice in this book.
> **Take dead aim.**

"오직 목표만을 생각하라.
이것은 불안감과 초조함을 진정시키는 가장 좋은 방법이다.
실제로 이것은 이 책에서 가장 중요한 조언이다.
오직 목표만을 생각하라."

버디, 내기, 79타, 벌타... 이 모든 것들은 지금 해야 할 일을 다 마치고 난 다음에 자연스럽게 따라오는 결과물들입니다. 미리 걱정할 필요 없습니다. 지금은 지금 해야 할 일에 집중하면 됩니다.

그리고 지금 해야 할 일은 여기 있는 이 공을 내가 원하는 곳으로 보내는 것입니다. 내가 원하는 곳이 바로 목표입니다. 깃발이던, 그린 중앙이던, 안전한 곳이던... 뭐가 되었던 명확하게 목표를 잡아야 합니다. 그리고 이런저런 준비가 끝나면 오직 목표에 집중해야 합니다.

물, OB, 벌타, 불안, 초조.... 모두 명확한 목표에 집중하면서 뚫고 나가면 됩니다. 머리는 목표의 이미지로 가득 차있고, 몸은 무의식으로 반응할 때, 인생 최고의 샷이 나옵니다.

[목표가 보이지 않아요... ㅠㅠ]

2017년 가을, 양양에서 1박2일간 라운드를 한 적이 있습니다. 아마추어 최정상급 스윙을 갖추고, 클럽챔피언에 도전하시는 분과 같이 걸으며, 경기운영과 멘탈게임에 관해서 많은 이야기를 나누었습니다.

끝나고 뭐가 가장 기억에 남느냐고 물어보았습니다. 그 분은 "모든 계산이 끝난 후에 어드레스를 시작하라."를 꼽았습니다. 저 스스로 가장 기억에 남는 순간은 [윈도우샷]상황에서 제가 드렸던 조언이었습니다.

아마추어 최정상급 스윙답게 티샷은 실수가 거의 없었습니다. 36홀 중, 딱 한번 슬라이스가 나서 오른쪽으로 밀렸습니다. 다행이 공이 죽지는 않았지만, 나무들이 앞을 가로막고 있어 그린이 보이지 않았습니다. 대략 난감...--;;

남은 거리를 측정하고 클럽을 선택하니 탄도는 충분합니다. 문제는 어느 방향으로 칠 것인가 였습니다. 캐디님과 같이 정확한 방향을 잡아보니 살짝 키 작은 나무 방향이었습니다. "목표가 어디인가요?" "그린중앙을 봤습니다."

"목표는 명확하고, 선명해야 합니다.
나무가 가로막아 그린이 보이지 않는다면,
보이지 않는 그린을 목표로 삼아서는 안 됩니다.

오직 눈에 보이는 목표만이
목표의 역할을 제대로 할 수 있습니다.

눈에 보이는 나뭇가지의 끝을 목표로 삼으세요.
그 나뭇가지 끝에 가상의 창문을 하나 걸어보세요.
그 창문을 통과하는 샷을 마음속으로 그려야 합니다.
이렇게 치는 것을 저는 그냥
'윈도우샷 Window Shot' 이라고 부릅니다."

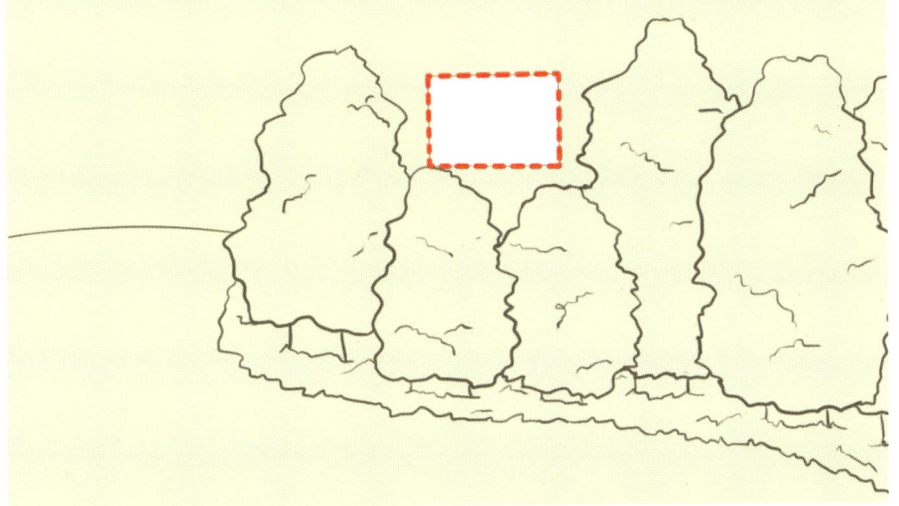

4) 목표와 기대의 형성

샷을 했습니다. 날아가는 공을 보면서 심리적 동요가 일어납니다. 공이 떨어진 지점을 확인합니다. 흥분을 느끼고 있다면, 게임플랜을 다시 한번 점검합니다. 슈퍼세이브가 아니라면 수정할 필요 없습니다. 그냥 게임플랜을 고수하면 됩니다.

좌절을 느끼고 있다면, 일단 심호흡 합니다. 게임플랜과 비교해 봅니다. 별다른 손해 없이 게임플랜만 약간 수정하면 되는 경우도 있습니다. 한 타의 손해가 일어난 경우도 있습니다. 손해를 받아들이고 게임플랜에 한 타를 추가합니다. 나중에 기회가 오면 다시 만회하면 됩니다. 차분히 라운드를 진행하기로 마음먹습니다.

자~ 이제 무엇을 해야 할까요?

1단계 : 공 뒤에 서서 목표를 바라본다.

골프의 모든 플레이는 '공 뒤에 서서 목표를 바라본다'에서 시작합니다. 반드시 그렇게 해야 합니다. 세 가지 이유가 있습니다.

첫째, 인간의 눈은 정면에서 바라 볼 때, 사물을 가장 정확하게 파악할 수 있습니다. 목표방향에 어떤 위험이 존재하는지, 안전지역은 어디인지, 거리는 얼마나 되는지, 각도는 어떻게 되는지, 한 눈에 파악할 수 있습니다. 필요하면 코스지도나 거리측정기의 도움을 받는 것도 좋습니다.

둘째, 목표방향을 정확하게 설정할 수 있습니다. 옆으로 돌아서서 보면 착시가 발생할 수 있습니다. 목표방향이 정확해야, 정확한 정렬도 가능합니다. **[스윙의 비밀]** 참조.

셋째, 뒤에서 목표를 정면으로 바라봐야 **위축되지 않습니다.
당당해집니다. 스스로를 믿는 마음, 즉 자신감이 생겨납니다.**

우승과 환희의 순간에 사람들의 자세는 비슷합니다. 양팔을 벌려서 위로 올립니다. 심지어 처음부터 시각장애인이어서 그 자세를 한번도 본 적 없는 분들도 같은 자세를 취합니다.

당당하고 자신 있는 사람들은 가슴을 펴고, 사물을 정면에서 응시합니다. 불안하고, 자신이 없고, 위축되어 있는 사람들은 자세도 움츠러들고, 시선도 회피하기 마련입니다.

재미있는 것은 자세를 바꾸면 기분도 달라진다는 점입니다. 그냥 가슴을 펴고 정면을 응시하고 있으면 자신감이 생기고, 저절로 당당해집니다. 움츠리거나 고개를 숙이고 있으면 왠지 주눅드는 느낌이 듭니다. 행복해서 웃기도 하지만, 그냥 웃다 보면 행복해지는 것과 같은 원리입니다.

여기 있는 공을 어디론가 다시 보내야 합니다. 무슨 일이 벌어질지 모릅니다. 앞 날을 알 수 없다는 것이 모든 불안감의 시작입니다. 하지만 가슴을 펴고, 정면에서 바라보고 있으면, 자신감이 생기고 당당해짐을 느낍니다. 불안감이 줄어듭니다. 공 뒤에 서서 정면으로 목표를 바라봐야 하는 이유입니다.

두려움 없는 소녀상
Fearless Girl

2단계 : 가상의 목표들을 평가한다.

공을 떨어뜨리고 싶은 가상의 목표점을 하나 설정해 봅니다. 그리고 세 가지를 생각해 보시기 바랍니다.
① 오른쪽으로 10m 벗어난 결과를 받아들일 수 있는가?
② 왼쪽으로 10m 벗어난 결과를 받아들일 수 있는가?
③ 10m 짧은 결과를 받아들일 수 있는가?

10m 긴 경우는 생각해 봐야 할까요? 글쎄요… 그런데 10m 길게 날아간 경우가 얼마나 자주 일어나는 현상인가요? 자주 일어난다면 클럽의 비거리가 늘어난 것이니 걱정할 필요는 없는 듯 합니다. 항상 짧아서 문제이니, 짧은 경우만 생각해도 될 듯 합니다.

왜 이런 질문을 해 봐야 할까요? 선택의 기대수준을 만들기 위해서입니다. 내 몸이 가끔 실수할 수 있음을 인정했다면, 약간의 실수가 발생할 경우도 생각해 봐야 합니다. 그 때 받아들여야 하는 결과가 무엇인지, 미리 생각해 보는 것입니다.

심리적 동요의 크기는 어떤 기대를 했느냐에 달려 있습니다. 쉽게 받아들일 수 있는 적절한 수준의 기대가 중요합니다.

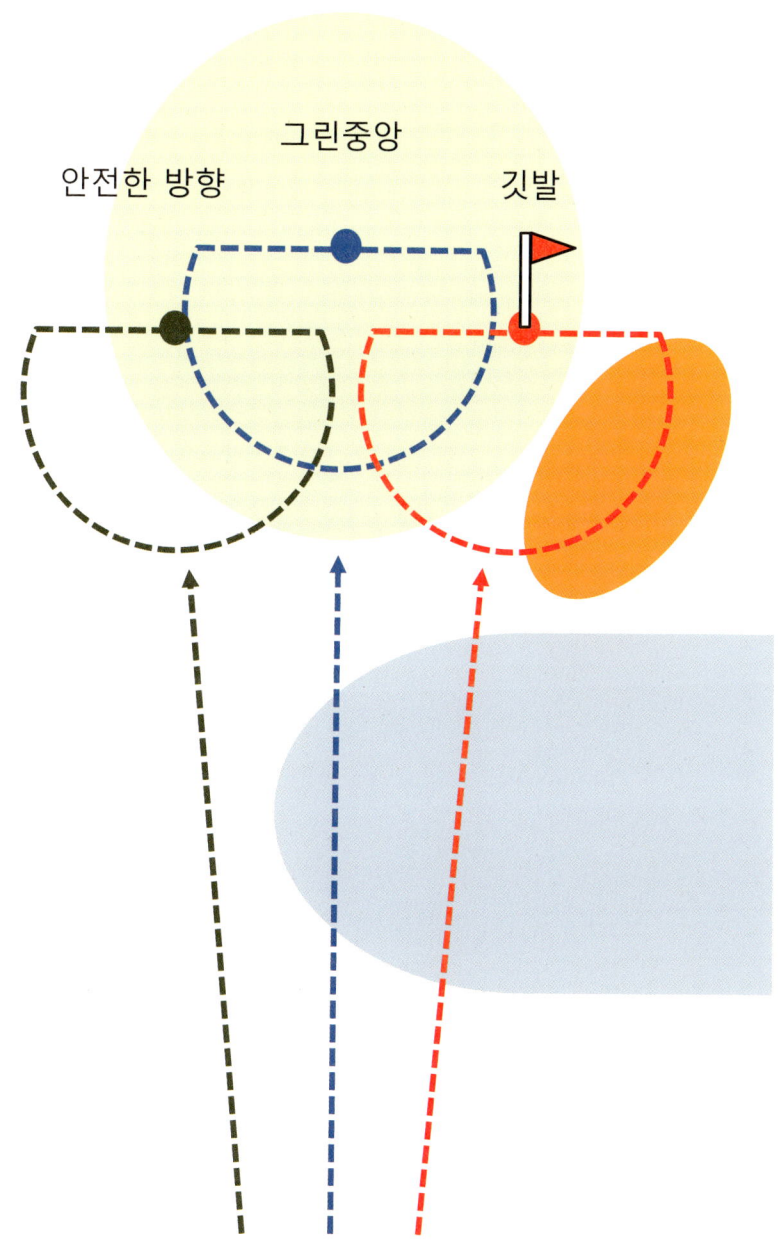

3단계 : 선택한다.

공 뒤에 서서, 목표방향을 정면으로 쳐다 보았습니다. 가상의 목표점들을 생각해 보았습니다. 그러면 이제 아주 중요한 과정이 남아 있습니다. **선택을 해야 합니다.**

선택의 결과와 이유는 중요하지 않다.

안전한 선택을 할 수도 있습니다. 보기만 해도 좋으니 무조건 위험을 피하는 것이 목적일 수 있습니다. 평소의 구질을 감안해서 선택했을 수 있습니다. 귀신 같은 숏게임 실력으로 파를 잡을 수 있다는 자신감이 이유가 될 수도 있습니다.

물을 살짝 건너가더라도, 그린 중앙을 선택할 수도 있습니다. 파가 필요해서일지도 모릅니다. 숏게임보다는 퍼팅이 훨씬 확률이 높다고 생각할 수도 있습니다. 클럽을 넉넉하게 잡으면 물은 문제되지 않는다고 생각했을 수도 있습니다.

위험을 감수하고서라도 깃발을 선택할 수 있습니다. 버디가 아니면 의미가 없는 상황이라 판단했을 수 있습니다. 벙커는 문제되지 않는다는 자신감이 이유가 될 수도 있습니다.

① 오차범위 내 결과라면 받아들이기로 마음 먹어야 한다.

오른쪽, 왼쪽, 짧은 경우는 이미 검토했습니다. 선택을 했다는 것은 그 정도 실수는 받아들이기로 했다는 뜻입니다.

버디가 아니면, 파나 보기나 트리플보기나 크게 의미 없다고 생각했을 수 있습니다. 그래서 위험을 감수하고 직접 깃발을 목표로 정했을 수 있습니다. 이때 위험을 감수한다는 것은 충분히 벙커나 물에 빠질 수 있고, 그런 결과를 받아들이기로 미리 마음 먹었다는 뜻입니다.

보기를 하는 한이 있더라도, 반드시 벌타는 피하겠다고 마음 먹었을 수 있습니다. 그래서 안전한 지역을 선택했다면, 살짝 그린을 빗나가 20m 칩샷를 해야 하는 상황은 충분히 받아들이기로 미리 마음 먹었다는 뜻입니다.

② 다른 대안에 대한 미련이 없어야 한다.

차분한 상태의 선택이라면, 이런 것 저런 것 따져 볼 필요가 크게 없습니다. 보통은 공 뒤에서 목표방향을 바라보는 순간 **직감적으로 무엇이 올바른 선택인지 알 수 있습니다.** 대개는 그 선택이 최선인 경우가 많습니다. 본인의 능력과 컨디션은 본인 스스로가 가장 잘 알기 때문입니다.

하지만 선택을 못하는 경우도 많습니다. 아직 흥분과 기회의 유혹이 남아 있을 수도 있습니다. 만회하겠다는 오기가 남아 있을 수도 있습니다. 그런 것이 아니라, 차분한 상태에서도 선택을 못하는 경우도 많습니다. 왜 그럴까요?

선택이란 무엇인가를 택하는 결정이 아닙니다. **본질적으로 무엇인가를 버리는 결정입니다.** 버려야 하는 대안에 미련이 남아 있기 때문에, 선택은 어려울 수 밖에 없습니다. 아무리 시간이 흘러도 가지 않은 길은 늘 아쉬움과 미련이 남는다는 어느 시인의 이야기와 같습니다.

그럼에도 불구하고, 골프에서 선택은 미련이 없어야 합니다. 최소한 다음 샷을 하는 그 순간까지는 미련이 없어야 합니다. 5~30초면 충분합니다. **한번 선택했으면 나머지는 미련 없이 버려야 합니다.** 자신의 선택과 능력을 믿어야 합니다. 그것이 가장 어렵기도 하지만, 그것이 핵심입니다.

③ **선택된 목표점은 아주 구체적이고 명확해야 한다.**

'대충~'은 크게 도움되지 않습니다. 목표는 구체적이면 구체적일수록, 명확하면 명확할수록 목표로서의 역할을 더욱 잘 수행합니다. '키 작은 나뭇가지 끝' 처럼 명확해야 합니다.

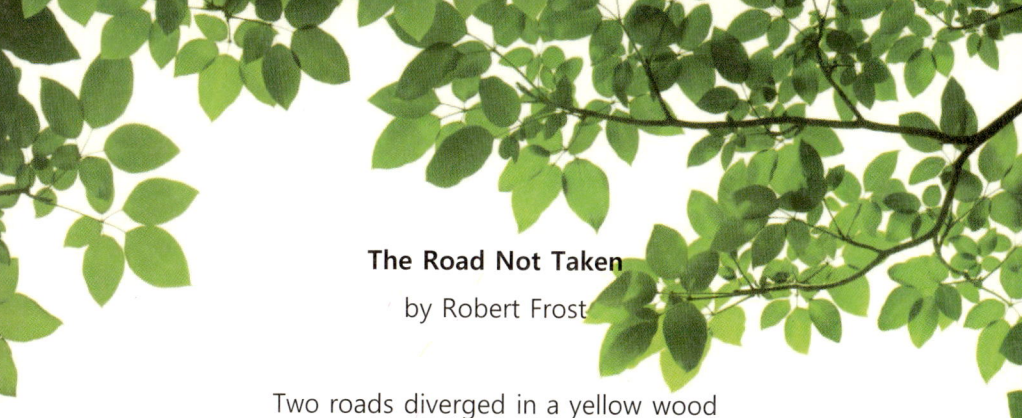

The Road Not Taken
by Robert Frost

Two roads diverged in a yellow wood
And sorry I could not travel both
And be one traveler, long I stood
And looked down one as far as I could
To where it bent in the undergrowth;

Then took the other, as just as fair
And having perhaps the better claim,
Because it was grassy and wanted wear;
Though as for that, the passing there
Had worn them really about the same,

And both that morning equally lay
In leaves no step had trodden black.
Oh, I kept the first for another day!
Yet knowing how way leads on to way,
I doubted if I should ever come back.

I shall be telling this with a sigh
Somewhere ages and ages hence:
Two roads diverged in a wood and I-
I took the one less traveled by,
And that has made all the difference.

힘든 한 주였습니다. 보람도 있었습니다.

2005.2.26

지난 주말부터 감기 기운이 있었습니다. 금요일은 아침 8시부터 Rules Of Golf 중간고사가 있었습니다. 어떻게 시험을 치렀는지 잘 모르겠습니다. 제일 먼저 답안지 제출하고, 집에 와서 약 먹고, 통나무처럼 잠들었습니다. 오후에 잠시 일어났다가, 저녁 먹고 약 먹고, 다시 통나무처럼 잠들었습니다.

덕분에 오늘(2.26 토) 아침은 많이 나아진 것 같았습니다. 그래서 약속한대로 아리조나 한인 교민들과 같이 라팔로마 골프클럽(La Paloma Golf Club)으로 라운드를 다녀왔습니다.

라팔로마 골프클럽은 사진에서만 보던 전형적인 아리조나 골프장이었습니다. 푸른 잔디와 선인장이 서있는 사막의 칼 같은 경계. 티샷이 페어웨이로 가기 위해서는 반드시 사막을 건너야 하는 디자인.

이런 멋진 골프장에서 기침 참느라 사탕 한 봉지 다 먹고, 준비해간 생수 3통을 다 마시면서, 끝없이 3on-2putt을 계속하는 평범한 보기플레이를 했습니다.

평범한 티샷과 오잘공 하나

티샷은 그저 그랬습니다. 부채살처럼 다양한 방향으로 고만고만한 거리를 날아가 페어웨이나 러프에 멈췄습니다. 다행이 사막으로 간 것은 없었습니다. 딱 한번, 정말 멋진 샷이 있었습니다. 오른쪽으로 약간 휘는 홀이었는데 티잉그라운드에 서서 보니 멀리 십자가 모양의 거대한 선인장이 보이더군요.

보스톤에 파코너(Far Corner)라는 골프장이 있습니다. 보스톤에서의 개인기록인 82타를 쳤던 곳입니다. 5번홀과 8번홀이 서로 마주보고 있고 둘 다 왼쪽으로 꺾어지는 도그렉홀입니다. 페어웨이 중간쯤에 두 홀의 경계를 만들기 위해서 10m간격으로 나무를 심어두었는데 그 중 유독 한 나무만 빨갛게 단풍이 듭니다. 5번홀과 8번홀 모두 티샷이 그 단풍나무 방향으로 날아가면 두 번째 샷의 각도가 정말 좋습니다.

그 선인장을 보니 파코너의 빨간 단풍나무가 생각 났습니다. 그 방향으로 어드레스를 하고 그 선인장을 몇 번 더 쳐다봤습니다. 티샷을 하는 순간에도 선인장이 머리 속에 선명하게 있었습니다. 공은 그 선인장을 향하여, 정말이지 자로 잰 듯 똑바로 날아가, 페어웨이를 맞고 언덕을 따라 오른쪽으로 굴러가더군요. 290야드. 기분 정말 좋았습니다.

좌편향의 넘치는 아이언과 딱 하나의 온 그린 성공

모든 아이언샷이 그린 왼쪽 아니면 그린을 지나가서 멈췄습니다. 딱 한 번, 그린으로 올라간 기분 좋은 샷이 있었습니다. 거리 200야드, 그린 왼쪽 앞쪽 절반은 사막이 가로막고 있었습니다. 깃발은 그 사막 뒤에 있었습니다. 저는 그린 오른쪽 절반 잔디가 보이는 입구만을 바라보면서 4번 아이언으로 쳤습니다. 200야드 온그린 성공. 기분이 좋았습니다.

1.5m의 퍼팅경계와 딱 하나의 예외

퍼팅도 굉장히 단순했습니다. 1.5m 밖에서 하는 퍼팅은 모두 1.5m 안으로 들어오고, 그 안에서는 모두 홀에 넣었습니다. 딱 한 번, 1.5m 바깥에서 한번의 퍼팅으로 마무리 했습니다.

9발자국=18피트=6야드=5.4m 왼쪽에서 오른쪽으로 조금 휘는 약한 내리막이었는데, 기분 좋게 제가 본 라인대로 들어가 주었습니다. 신기했던 것은 퍼팅을 하기 전에 이미 들어간 것 같은 착각을 할 만큼, 너무 선명하게 라인을 봤고, 볼이 들어가는 상상을 했다는 것입니다.

기분 좋은 세 개 샷들의 공통점

세 번의 기분 좋은 샷에는 공통점이 하나 있었습니다. 선명한 목표와 집중. 생각해보니 보스톤에서 제가 처음으로 90타를 돌파하던 날과 82타를 치던 날 모두 공통점이 있었습니다. 두 번 다 한국에서 오신 어르신을 모시고 골프를 나갔습니다. 그리고 매번 티샷하면서 어느 방향으로 무엇을 목표로 치면 좋은지 말씀 드렸습니다. 그리고 제가 먼저 티샷을 했습니다. 두 번 다 벌타 없이 완벽한 티샷을 한 날이었습니다. 그리고 그 두 번의 라운드 모두 그 어느 때보다 목표에 집중하며 경기했던 날입니다.

거대한 선인장, 절반의 푸른 입구, 선명한 라인 끝에 있던 홀. 우리가 골프를 통해서 배우는 것들이 무엇이었던가요? 자신감(Confidence)과 집중(Concentration)과 자기절제(Self-Control)입니다. 그리고 집중에 관해서는 이렇게 이야기 할 수 있습니다. 목표가 선명할수록 더욱 더 집중할 수 있다.

세 번의 샷에 또 하나의 공통점이 있습니다. 조금 쑥스러운 이야기입니다만, 이 세 번의 아름다운 샷을 490야드 파5, 한 홀에서 했습니다. ㅎㅎㅎ 저 오늘 태어나서 처음으로 이글했습니다. 그리고 감기 다 나았습니다^^

4단계 : 미리 그려본다.

공 뒤에 서서 목표방향을 정면으로 바라봅니다. 가상의 목표점을 정해봅니다. 약간의 실수가 있어서 10m정도 좌우로 벗어나거나 짧아도 결과를 받아 들일 수 있는지 확인해 보았습니다. 그리고 최종적으로 한 점을 목표로 정했습니다. 나머지 목표점들은 미련 없이 버렸습니다.

내 차례라면 시작하면 되는데... 둘러보니 아직 내 차례가 아닙니다. 그럼 무엇을 할까요?

드라이버나 아이언으로 친 공이 날아가 땅에 떨어지고, 굴러가 목표지점에 정확하게 멈추는 모습을 그려보아야 합니다. 가볍게 칩샷한 공이 랜딩존(Landing Zone)에 떨어지고, 한번 정도 튄 다음에 굴러가기 시작해 홀 컵에서 멈추는 모습을 상상해 봐야 합니다. 퍼팅한 공이 내가 그린 라인을 따라 굴러가 홀에 떨어지는 모습을 상상해야 합니다. 시간에 여유가 있으면 여러 번 반복해서 마음속에 그려보는 것이 좋습니다.

세 가지 측면에서 필요합니다.

우선, 집중할 수 있습니다. 기다리는 동안 또 다른 생각들이 꼬리를 물고 일어나, 새로운 감정의 동요를 불러 일으킬 수 있습니다. 특히 인간의 심리가 불안에 기초하다 보니, 점점 불안해 질 확률이 높습니다. 그런 필요 없는 생각에 빠지지 않고, 지금 할 일에 집중할 수 있습니다.

둘째, 자신감이 생깁니다. 인간의 두뇌는 현실과 상상을 잘 구분하지 못합니다. 어차피 현실도 상상도, 전기자극의 해석에 불과하기 때문입니다. 머리 속에서 자꾸 성공의 그림을 그리다 보면 과거에 이미 일어난 일인 것 같은, 또는 당연히 일어날 일인 것 같은 느낌이 듭니다. 그만큼 자신감이 생깁니다.

셋째, 몸이 미리 준비할 수 있습니다. 베트남전쟁 당시 포로로 잡힌 미국 군인이 있었습니다. 독방에서의 긴 시간을 견디기 위해, 매일 고향의 골프장에서 라운드하는 상상을 했다고 합니다. 전쟁이 끝나고 고향으로 돌아와 라운드를 나갔더니, 전혀 실력이 줄지 않았습니다. 이 이야기는 모든 골프심리학 교과서에 등장하는 유명한 사례입니다.

상상만으로도 필요한 근육에 미세한 전기자극이 일어난다는 것은 여러 실험을 통해서 증명된 사실입니다. 상상만으로도 몸은 이미 준비를 시작합니다. 성공의 확률은 올라갑니다.

I never hit a shot, not even in practice,

without having a very sharp, in-focus picture of it,

in my head.

First, I see the ball where I want to finish,

nice and white

and sitting up high on the bright green grass.

Then the scene quickly changes,

and I see the ball going there;

its path, trajectory, and shape,

even its behavior on landing.

Then there is a sort of fade-out,

and the next scene shows me making the kind of swing

that will turn the previous images into reality.

Jack Nicklaus

나는 연습에서나 실전에서나 항상
샷을 하기 전
마음속에 아주 선명한 그림을 먼저 그린다.

먼저 공이 멈춰 있는 모습이 떠오른다.
푸른 그린 위에
멋있게 올라와 있는 하얀 공

장면이 바뀌고,
공이 날아오는 모습이 펼쳐진다.
궤도와 탄도,
그리고 공이 튀는 모습까지...

다시 장면이 바뀌고
내가 스윙하는 모습을 미리 본다.
나의 상상을 현실로 만들어 줄 스윙...

잭 니클라우스

[기도와 기대 그리고 행복]

원숭이가 책상 앞에 앉아 있습니다. 책상 위에는 노란 삼각형 버튼과 모니터가 있습니다. 모니터에 노란 삼각형이 떴을 때, 책상 위의 버튼을 누르면, 5초 후에 달콤한 주스가 나옵니다.

처음에는 달콤한 주스를 마실 때, 쾌락중추가 활성화 되면서 즐거움을 느낍니다. 익숙해지면, 버튼을 눌렀을 때 즐거움을 느낍니다. 조금 있으면 주스를 먹을 수 있구나... 즐거운 기대. 막상 주스를 마실 때는 쾌락중추에는 아무 반응이 없습니다.

버튼을 눌렀더니 즐거운 기대가 형성되었습니다. 그런데 5초 후에 나오는 주스의 양을 줄이거나, 조금 늦게 주스를 주면 화를 냅니다. 달콤한 주스를 마시는데도 화가 납니다.

이 실험이 이야기 하는 것은 하나입니다. 우리에게 즐거움을 주는 것은 주스가 아니라, **주스를 먹을 수 있다는 기대**라는 것입니다. 기대 이상의 성과에 행복하고, 기대만큼의 성과에 반응이 없으며, 기대 이하의 성과에 오히려 불행을 느낀다는 것입니다. 기대가 행복과 불행을 좌우합니다. 지나친 기대는 불행의 근원이 될 수도 있다는 뜻입니다.

하나의 목표를 정했습니다. 그 곳으로 공을 보내기 위해 미리 그려보고, 최선을 다해 준비하고, 집중하고, 실행합니다. 그럼 결과는? 좋은 결과를 기대해도 될까요?

기도하는 것. 기도를 했으니 내 소원이 이루어진다고 기대하는 것. 두 개는 다른 것입니다. 무엇인가를 이루기 위해서 최선을 다해 노력하는 것. 최선을 다해 노력했으니 당연히 좋은 결과를 기대하는 것. 두 개는 다른 것입니다.

기도와 노력은 내가 할 수 있는 일입니다. 하지만 그것이 이루어 질지 아닐지는 아무도 모르는 일입니다. 그리고 나에게 정말 좋은 일은... 웬만해서는 일어나지 않습니다.

최선을 다해 노력하지만 기대를 하지는 않습니다. 평범한 결과가 나오거나, 심지어 좋지 않은 결과가 나와도 받아들이면 됩니다. 기대를 하지 않았기에 아플 것도 없습니다. 최선을 다 했기에 스스로 자랑스럽고 만족했으면 됩니다.

때가 되면 일어날 일은 꼭 일어난다는 것만 믿으면 됩니다. 그리고 다시 기도하는 마음으로 최선을 다해 준비하면 됩니다. 기다리다 보면 어느 순간, 선물처럼 좋은 결과는 옵니다. 반드시 옵니다. 그때 감사한 마음으로 행복하면 됩니다.

5. 흔들리지 않고 다음 샷을 하는 방법은 무엇인가?

임팩트.

심리적 동요가 일어납니다.

심호흡을 합니다. 필요하면 물 한 모금 마십니다.

있는 그대로 받아들입니다.

잊어버리고, 다음 샷 준비하기로 합니다.

그래서 목표는?

공 뒤에서 서서, 정면으로 목표방향을 바라 봅니다.

약간의 실수는 받아 들일 수 있는 명확한 목표를 정합니다.

그 목표를 향해 공이 날아가는 모습을 계속 상상해 봅니다.

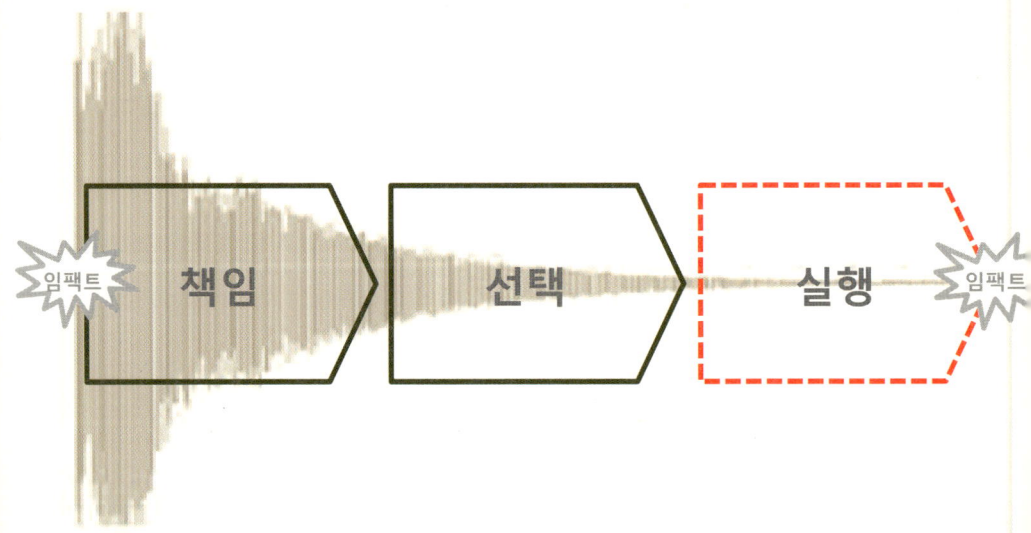

자~ 이제, 내 차례가 되었습니다.

이제 실행을 해야 할 시간입니다.

나에게 주어진 시간, 40초.

무심해져야 합니다.

상황이 무엇이든, 어차피 할 일은 하나 밖에 없습니다.

여기 있는 공을 목표로 보낸다.

어떻게 무심해 질 수 있을까요?

평소 하던 대로,

수백 번, 수천 번 해 봤던, 익숙한 동작을 반복하면 됩니다.

반복과 익숙함으로 무심해지면 됩니다.

그것이 루틴의 힘입니다.

루틴(routine) : 매번 똑같이 반복되는 일상적인 것들

좋은 루틴은 단순합니다. 단순해야 반복하기 쉽습니다.

줄이고 줄여 꼭 필요한 동작으로만 구성되어 있어야 합니다.

40초면 충분한 시간입니다.

루틴에 관해서는 이전의 책에서 자주 다뤘습니다.
- **[퍼팅의 비밀] 제5장 자신감_루틴과 성공의 경험**
- **[스윙의 비밀] 제6장 나머지 이야기들_4개의 스윙**
- **[웨지의 비밀] 제5장 루틴의 비밀**

주요 내용만 요약하면 다음과 같습니다.

선택-정렬-연습-셋업-실행으로 구성된다.
- 선택-연습-정렬-셋업-실행으로 구성되기도 한다.

차례가 되면 최종선택을 한다. **선택했으면 믿어야 한다.**

처음부터 제대로 정렬할 수 있는 분은 10%정도에 불과하다. **착시**가 존재하기 때문이다. **오직 루틴으로 훈련된 사람만이 제대로 정렬할 수 있다.**

누구나 4개의 스윙을 가지고 있다. ①연습스윙, ②연습장스윙, ③필드스윙, ④중요한 순간의 스윙. 그 중 연습스윙이 본인이 할 수 있는 최고의 스윙이다. **연습스윙을 통해 '내가 이 정도 스윙을 할 수 있는 사람'임을 확인한다. 나의 스윙을 믿어야 한다.**

루틴이란 샷을 하기 위해서 필요한 요소들을 하나 하나 점검하는 과정이다. **모든 요소의 점검이 끝났다면 믿어야 한다.** 이제 남은 일은 공을 정확하게 맞히는 일 뿐이다.

마지막으로 목표를 보고, 공을 본다.

스윙을 시작한다.

공이 맞는 모습을 지켜본다.

공이 날아가는 모습을 확인한다.

골프에서 가장 중요한 것,

나를 믿는다.

그 외 아무것도 없다.

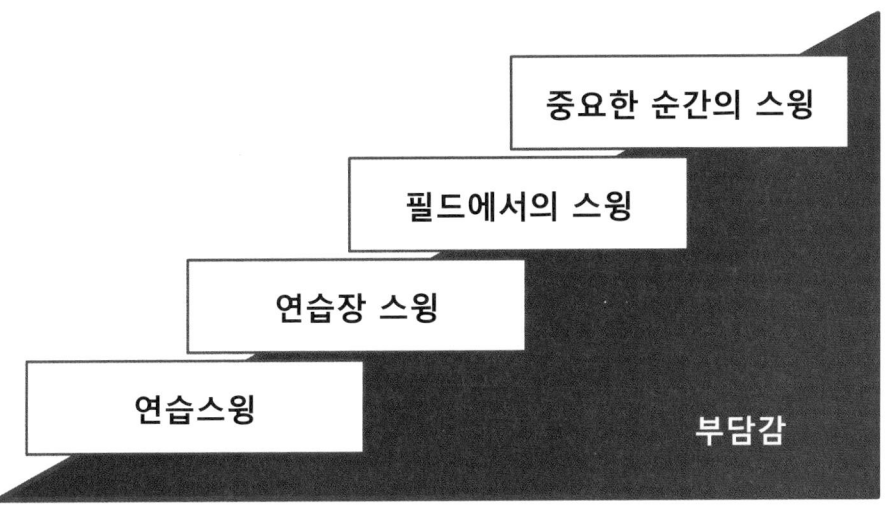

	티샷	필드샷	숏게임	퍼팅
선택	방향을 정한다	목표를 정한다	LS를 정한다	라인을 정한다
목표라인	라인표시 가능	마음속 목표라인	마음속 목표라인	라인표시 가능
이동시		목표라인 시선고정	목표라인 시선고정	
정렬	나란히	나란히	나란히	나란히
연습스윙 타점확인			타점확인 필요	
연습스윙 거리감			거리감	거리감
연습스윙 스윙감	스윙감	스윙감	스윙감	스윙감
셋업 과정	모든 것이 잘 준비되었다. 이제 남은 일은 공만 정확하게 치면 된다.			
마지막 동작	목표보고 공보고			
스윙 순간	공이 맞는 모습을 지켜본다. 고개를 들어 결과를 확인한다.			

[40초 규칙 그리고 준비된 골프]

[2019년 골프규칙] 5조 6항은 다음과 같은 권고조항을 두고 있습니다.

When it is the player's turn to play:

- It is recommended that **the player make the *stroke* in no more than 40 seconds** after he or she is (or should be) able to play without interference or distraction

차례가 되면, 40초 이내에 플레이를 할 것을 권고한다.

또한 6조 4항에서는 **준비된 선수가 먼저 플레이를 할 것을** 권하고 있습니다.

Players are both allowed and encouraged to play out of turn ... such as when:

- An individual player is **ready** and able to play before another player whose turn it is to play,

만약 자신의 차례에 준비가 되지 않았다면, 빨리 준비하거나 준비된 다른 분에게 순서를 양보해야 합니다. 그것이 모두의 라운드를 행복하게 진행하기 위해 권고되는 방식입니다.

6. 멘탈은 순식간에 무너지는 것일까?

2017년 9월11일,

존경하는 후배 한 분이 자신의 스코어카드를 보내주셨습니다.
본인의 라운드 소감도 같이 적어주셨습니다.

1	2	3	4	5	6	7	8	9	
5	4	3	4	4	3	4	4	5	36
0	0	0	0	0	1	0	-1	0	36
10	11	12	13	14	15	16	17	18	
4	4	3	5	4	3	4	5	4	36
0	0	-1	1	3	0	1	1	-1	40

후반 3번홀까지 1언더 ㅋ

트리플에 무너지다.

-어제 베어크리크 크리크코스

☆원인분석 : [웨지의비밀] 책을 읽다 맘 ㅎ

처음에는 살짝 웃었습니다. '뭐야... 76타 쳤다고 자랑하나?' 찬찬히 보다 보니, 후배가 고생한 모습이 보여서, 조금 안쓰럽기도 했습니다. 본인 표현대로 12번홀까지 1언더였는데, 14번홀에서 트리플보기. 대체 무너진 이유가 무엇일까요?

우선 주목한 것은 '후반 3번홀까지 1언더 ㅋ'라는 표현입니다. 뒤 문장이 트리플로 이어집니다. 그것은 14번홀 상황입니다. 글을 쓰는 입장에서 생각해 보면 '13번홀까지 이븐' 다음에 14번홀 '트리플' 이야기가 나오는 것이 자연스러운 연결입니다. 그런데 왜 하필 '12번홀까지 1언더'라는 상황을 썼을까?

그 만큼 12번홀 버디의 느낌이 강렬했다는 뜻입니다. 경기의 흐름을 보면, 5번홀까지 이븐, 6번홀에서 +1, 그리고 8번홀에서 다시 이븐이 됩니다. 그 이븐이 11번홀까지 유지됩니다. 그리고 12번홀에서 '언더'로 바뀝니다. 그 날 라운드 진행 중, 처음으로 '언더'가 되는 순간입니다. 강렬할~만 합니다.

골프를 사랑하고, 골프를 오래 했고, 골프를 잘 하는 후배입니다. 하지만 '언더'는 처음이 아니었을까.... 추측해 봅니다. 어찌되었던 심장이 쿵쾅거리는 강렬한 경험이었나 봅니다.

그렇게 생각하고 보니 13번홀이 너무 안쓰러웠습니다. 파5 홀 입니다. 보기 했습니다. 6타를 쳤다는 뜻입니다. 그 6타를 치는 과정이 처절한 사투의 과정이 아니었을까…? 흥분한 마음이었을 것입니다. 빨라진 심장박동만큼 스윙도 급해졌을 것입니다. 버디를 생각했을 텐데, 살짝살짝 빗나가는 샷들과 웨지와 퍼터 때문에, 또 얼마나 답답하고 힘들었을까……

결국 보기로 마무리했을 때, 한 홀만에 언더에서 다시 이븐이 되었을 때, 마음은 또 얼마나 허무했을까… 그 찰나의 아름다움은 또 얼마나 마음 속~~~~~~~~~~~~~~을 잡았을까…

14번홀에서 무슨 일이 벌어졌는지 잘 모르겠습니다. 본인이 이야기하지 않는데, 굳이 물어보지도 않았습니다. 사실 무슨 일이 벌어졌는지는 중요하지 않습니다. 11번홀까지 진행된 밀당의 긴장감. 12번홀 강렬한 경험. 심장이 쿵쾅거리는 속에 진행된 13번홀 처절한 사투. 그리고 운명의 14번홀… 요즘 유행하는 말로 Sequence, 즉 전개과정이 중요할 뿐입니다.

14번홀에서 무너진 이유는 무엇일까요? 1번홀부터 시작하여 12번홀과 13번홀을 지나면서 너무 많은 심리에너지를 써버렸기 때문이라고 봐야 합니다. 심리에너지의 고갈. 그것이 79타로 가는 과정에서 마지막으로 극복해야 하는 과제입니다.

심리학 분야의 최근 실험결과들은 심리에너지가 한정된 자원임을 보여주고 있습니다. 집중력이나 인내심 같은 미덕은 무한한 자원이 아니라는 뜻입니다. 직장에서 꾹 참고 생글생글 웃으면서 하루를 잘 마무리 했던 분이, 퇴근길의 사소한 일에 폭발하기도 합니다.

골프도 같습니다. 흥분된 마음을 가라앉히고, 좌절한 마음을 다독이고, 분노를 참고, 기대를 절제하고, 불안한 마음을 뚫고 지나가는 것이 무한정 반복할 수 있는 것은 아닙니다. 18홀 마지막 퍼팅을 끝내기 전에 심리에너지가 고갈되는 순간이 찾아오면, 아차~ 하는 순간, 무너질 수 있다는 뜻입니다.

가장 흔한 사례가 전반 9홀 최고기록 작성입니다. 그러고 나면 후반에 대부분 무너집니다. 야~ 오늘 사고 한번 치겠는데? 잔뜩 기대했던 마음이 무너지는데 오래 걸리지 않습니다. 왜 그럴까요? 전반 9홀 내내 그 즐거운 긴장감을 뚫고 나오느라 힘들었을 수도 있습니다. 그 긴 시간 집중력을 발휘하느라 심리에너지를 다 써버렸을지도 모릅니다. 후반 초반, 아무것도 아닌 사소한 실수 하나에, 그냥 무너져버릴 수 있습니다.

전반9홀 최고기록 그리고 후반 무너지기. 심리에너지의 고갈이라는 측면에서 생각해 보면, 충분히 이해되는 현상입니다.

다시 84타를 생각해 보겠습니다. 버디도 하나 있습니다. 14개 홀에서 파와 보기를 기록합니다. 더블보기 2개가 있습니다. 17개 홀에서 별다른 문제 없이 진행할 수 있는 실력입니다. 그런데 왜 유독 한 홀에서 트리플보기를 하면서 무너질까요? 심리에너지의 고갈도 원인이 될 수 있습니다.

경기운영이란 원하는 목표를 달성하기 위해 적절한 선택과 실행과 책임의 과정을 **원활하게 이어가는 노력**입니다. 중요한 것은 **'이어간다'** 입니다. 1번홀 티샷 부터 18번홀 마지막 퍼팅까지... 중간에 무너지지 않고, 원활하게 이어가는 노력이 중요하다는 뜻입니다. 그렇다면 어떤 노력이 필요할까요?

1) 완급조절

처음으로 해야 하는 일은 완급조절입니다. 처음부터 끝까지 모든 샷에 온 힘을 다해 집중할 수 없습니다. 처음부터 모든 샷을 심각하게 대하면, 버티기가 너무 힘들어 집니다.

대표적인 경우가 초보시절입니다. 전날부터 흥분과 부담감에 시달렸을 수도 있습니다. 1번홀 티샷부터 잔뜩 긴장하고 있습니다. 홀마다 심각한 감정의 롤러코스트를 경험합니다. 1시간도 지나지 않아 집에 가고 싶어질지도 모릅니다.

중간 중간 쉬어주어야 합니다. 샷과 샷 사이, 홀과 홀 사이, 기회가 있으면 잠시 쉬어야 합니다. 앞 팀이 밀려서 기다리고 있다면 짜증낼 일이 아닙니다. 잠시 쉴 수 있는 절호의 기회입니다. 다음에 할 샷은 잠시 접어두세요. 하늘을 한번 보고, 주변의 꽃도 잠시 보고, 물 한 모금 마시고, 동반자와 담소를 나누세요. 살짝 골프를 떠났다 돌아와도, 전혀 지장 없습니다.

플레이의 성격에 따라 완급조절을 할 수 있습니다. 티샷을 했습니다. 아직 그린을 공략할 수 있는 파3지역이 아닙니다. 그렇다면 브릿지샷을 해야 합니다. 그 브릿지샷에 온 힘을 쓸 필요는 없습니다. 안전한 방향으로 가볍게…면 충분합니다. 그렇게 절약한 에너지는, 그린을 공략해야 하는 다음 순간에 최대한 사용하면 됩니다.

대표적인 사례가 파5 두 번째 샷입니다. 그린을 향해서 쏘는 것이 아니라면, 안전한 방향으로 가볍게 진행하면 어떨까요? 어차피 브릿지샷인데, 심각한 표정으로 최대한 멀리… 보낼 필요가 있는지 잘 모르겠습니다. 정확하게…면 충분합니다.

퍼팅에서도 완급조절은 가능합니다. 먼 거리의 첫번째 퍼팅. 특별한 상황이 아니면, 라인, 거리, 방향 중 오직 거리만 신경 씁니다. 절약한 에너지는 다음 마무리 퍼팅에 집중합니다.

2) 화두잡기

골퍼들, 특히 주말에만 골프를 즐기시는 분들을 만나 이야기 하다 보면, 모든 라운드가 팽팽한 실전라운드로 느껴집니다. 라운드마다 최고점수를 기록해야 하고, 라운드마다 내기에서 돈 따야 하고, 라운드마다 최장타를 기록해야 의미 있는 것처럼 이야기 합니다. 프로선수들로 비유하면, 연습라운드 없이 오직 시합만 출전하는 선수들처럼 보입니다.

가끔 연습라운드를 해 보시기 바랍니다. 점수도, 내기도, 장타도 잊어버리고, 그냥 재미있게 라운드 해 보시기 바랍니다. 그런 날은 그날의 화두를 한번 잡아보는 것도 좋습니다.

오늘은 매 홀 시작할 때, 물 한 모금 마셔야지.
오늘은 매 홀 시작할 때, 공략루트를 그려 봐야지.
오늘은 매 샷 하기 전에 미리 마음속으로 그림을 그려야지.
오늘은 매 샷 할 때 마다, 공 뒤에서 바라보면서 시작해야지.
오늘은 매 샷 할 때 마다, 정렬만 신경 써야지.
오늘은 피니쉬에서 균형만 유지해야지.
오늘은 그린 주변 벙커를 모두 피해가야지...
오늘은 티샷 하고 나면, 걸어가면서 하늘을 한 번씩 봐야지.

그렇게 하나의 화두만을 잡고, 라운드를 해 보시기 바랍니다. 그 화두를 18홀 내내 이어갈 수 있는지 한번 연습해 보시기 바랍니다. 쉽지 않을 겁니다. 그러면 더 쉬운 화두를 잡아도 됩니다. 오늘은 매 홀 부러진 티를 하나씩 주워야지…

뭐가 되었던, 18홀 내내 한 가지 주제를 유지해 본 적이 있다는 경험이 중요합니다. 그런 경험이 쌓이면 라운드 중에 사용할 수 있는 심리에너지의 양도 점점 늘어납니다. 가끔씩 마음 편한 날, 이런 저런 '화두잡기' 훈련을 해 보시기 바랍니다.

그러다 보면…. 어느 날, OB없이, 물에 빠지지 않고, 잃어버리지 않고, 벙커에 빠지지 않고, 공 하나로 라운드를 마치는 날이 올 지도 모릅니다. 점수와 내기와 거리가 중요한 라운드에서도 무너지지 않고 18홀을 마무리하는 날이 옵니다.

3) 체력향상

당연한 이야기지만, 체력이 좋아야 심리적으로도 무너지지 않습니다. 평소에 많이 걷고, 많이 뛰고, 많이 움직이는 것이 골프실력 향상에 간접적으로 도움이 됩니다. 어쩌면 생활 속 동작 하나 하나가 모두 골프실력 향상에 도움을 줄 수 있습니다. 그렇게 보면 우리는 늘 골프와 함께 생활하고 있습니다.

[심장박동, 유산소운동, 감사하기]

감정의 변화는 심장박동 변화와 밀접하게 연관되어 있습니다. 보통은 뇌에서 일어나는 감정변화가 심장박동을 변화시킨다고 알려져 있습니다. 하지만 최근 발달하고 있는 신경심장학 neurocardiology 이라는 학문은, 감정과 심장박동의 관계에 대해 새로운 이야기를 해 주고 있습니다.

신경심장학에 따르면 심장은 상당히 독자적인 신경기관으로 밝혀지고 있습니다. 뇌처럼 독자적으로 판단하여 신경신호를 처리하고 발송하기도 합니다. 심장과 뇌는 서로 정보를 주고받으며 반응합니다. 두뇌의 판단에 따라 심장박동수가 달라지기도 하지만, 반대로 심장에서 보내는 특정한 신호가 감정이나 인지능력에도 영향을 미치기도 합니다.

예를 들면, 화가 나서 심장박동수가 빨라질 수도 있습니다. 반대로 평소에 심장박동이 불규칙한 사람들이 분노나 불안 같은 부정적인 감정상태에 쉽게 빠질 수도 있습니다.

달리기, 자전거, 에어로빅 같은 유산소운동을 통해 심폐기능을 튼튼히 하시기 바랍니다. 심장박동을 규칙적으로 유지할 수 있고, 긍정적인 감정상태를 유지하는데 도움이 됩니다.

이런 감정상태와 심장박동과의 연구 결과 중 특히 재미있는 것이 하나 있습니다. 바로 어떤 감정상태가 가장 이상적인 심장박동수를 유지하는가에 대한 연구입니다.

먼저 피실험자들에게 다양한 상태를 유지하게 합니다. 즐거웠던 추억 회상하기, 명상하기, 아무 생각 없이 멍~때리기, 편안하게 휴식하기 등등. 그리고 심장박동수 변화를 측정하였습니다. 그러자 나타난 놀라운 결과. **'감사의 마음'**을 가질 때 가장 안정적인 심장박동수를 보인다고 합니다.

보통 성인의 심장박동수는 1분에 70회를 기준으로 미세하게 끊임없이 변합니다. 심장박동수의 변환주기는 10초에 한번, 즉 0.1Hz인 것으로 알려져 있습니다. '감사의 마음'을 가질 때 호흡, 심장박동의 변화, 혈압변화의 주기가 **일치 (coherence)** 상태에 이른다는 것을 발견한 것입니다.

이 연구결과를 읽고, 참 감사하게 생각했습니다. 골프가 인생의 모든 것이었고, 골프 때문에 돈도 잃고 건강도 잃어봤고, 필드에 다시 서고 싶다는 간절함도 가져봤습니다. 덕분에 지금은 가끔 필드에 설 수 있다는 것만으로도 감사하니까요^^

'골프가 있는 인생'은 감사한 인생일 확률이 높습니다. 홧팅!

[9홀 최고기록과 18홀 최고기록]

전반 9홀 최고기록을 세웠습니다. 그럼 후반은 무너진다고 했으니 의미 없는 것일까요? 그렇지 않습니다.

최고기록을 세우는 과정을 관찰해 보면, 대부분 9홀 최고기록을 먼저 작성합니다. 그리고 무너지고… 다음에는 후반에 몸 풀려서 최고기록 비슷하게 기록하고… 그렇게 9홀 최고기록을 몇 번 기록하다 보면, 이제 익숙해 집니다. 그 정도는 몇 번 해 봤기 때문에 별다른 떨림도 없습니다.

그러다 날이 적당한 어느 날, 9홀 최고기록을 전반에 이어서 후반에도 기록합니다. 그 날이 18홀 최고점수를 기록하는 날입니다.

전반 39타를 먼저 한번 쳐봐야 합니다. 그러고 무너집니다. 어느 날은 후반에 40타를 쳐 봐야 합니다. 또 9홀 39타를 해 보고, 9홀 40타를 해 보고…… 그렇게 몇 번 반복합니다. 익숙해 집니다. 별다른 떨림 없이, 9홀에 39~40타 정도는 기록합니다. 그리고 날이 적당한 어느 날, 전반 39타, 후반 40타를 기록합니다. 그 날이 선물처럼 79타를 기록하는 날입니다.

79타
축하합니다!!!

7. 멘탈이 강하다는 것은 무엇일까?

> 멘탈게임이란
> 한번의 임팩트 후에 발생한 심리적 동요를 안정시키고,
> 다음 플레이에 집중하기 위한
> 의식적인 노력의 과정이다.

따라서 멘탈이 강하다는 것은
심리적 동요를 안정시키고,
아무일 없다는 듯 다음 플레이에 집중하는 것을,
아주 손쉽게 해낸다는 뜻입니다.

그냥 두 마디로 표현하면
내면적으로는 모든 상황을 쉽게 잘 받아들이는 사람이고,
외부에서 보기에는 **흔들림이 없는 사람**입니다.

어떠한 상황에서도
한결같이 자기 플레이를 유지하는 상태
그것이 멘탈이 강한 것입니다.

임팩트가 일어났습니다.

어디에 떨어지더라도 상관 없이 씩~ 웃습니다.

걸어가는 동안 편하게 이야기 나눕니다.

공 뒤에서 목표방향을 바라봅니다.

차례가 될 때 까지

한동안 그렇게 목표를 바라봅니다.

차례가 되면

심호흡을 합니다.

목표라인에 집중하며 정렬합니다.

연습스윙을 합니다.

셋업 합니다.

마지막으로 목표를 다시 한번 봅니다.

공을 봅니다.

스윙을 합니다.

피니쉬에서 밸런스를 유지하고 있습니다.

어떠한 상황에서도

한결같은 모습으로 플레이 합니다.

그것이 멘탈이 강한 것입니다.

그럼 어떻게 해야 멘탈이 강해질까요? 어떤 노력들을 해야 상황을 잘 받아들이고, 흔들림이 없는 골퍼가 될까요?

① **많은 라운드를 경험해야 한다.**

라운드 중에 일어나는 다양한 상황들에 대한 경험이 있어야 합니다. 늘 하는 표현대로 산전, 수전, 공중전 다 겪어 보면 앞으로 무슨 일이 벌어질지, 얼마나 심각한 것인지, 어떻게 대처해야 하는지를 알게 됩니다.

얼마나 많이 나가봐야 할까요? 그런 것은 잘 모르겠습니다. 사람마다 모두 다를 것입니다. 예전에 한번 비슷한 느낌을 가졌던 적은 있습니다. 100라운드 쯤 나오니 1번홀 티샷에서 떨림이 사라지는구나... 때가 되면 저절로 느끼게 됩니다.

② **기술적으로 준비되어야 한다.**

다양한 상황을 경험하다 보면, 어떤 기술들이 필요한지 알 수 있습니다. 죽지 않는 드라이버, 150m이내에서 안정적으로 20m이내로 보내는 아이언, 휘두르면 반드시 올라가는 웨지, 2m 이내에서는 반드시 마무리 지어주는 칼 같은 퍼터.

어느 프로야구 투수코치가 투수의 멘탈에 관해 이야기 하는 것을 본 적이 있습니다. "멘탈이 약한 투수는 기술이 부족한 투수다. 결정을 지어야 하는 순간에 무엇을 어떻게 던져야 할지 몰라서 무너지는 것이다. 반면, 확실한 결정구를 가지고 있는 투수는 심리적으로 무너지지 않는다."

모든 거리와 상황에 대응하는 기술을 가지고 있어야 합니다. 특별히 약점을 느끼는 거리가 있어서는 안됩니다. 아직 해결되지 않은 거리가 있다면 해결해야 합니다. 벙커나 러프 같은 특정한 상황에서 불안함을 느껴서는 안됩니다. 연습해서 편해져야 합니다. 결정구로는 칼 같은 끝내기 퍼팅을 권합니다. 멀리치기 하나만 집중해서는 멘탈이 강해지지 않습니다.

③ **마음의 흐름을 이해해야 한다.**

실수가 일어나면 누구나 원인을 알고 싶어 합니다. 헤드업을 했나, 급했나, 왼발을 들었나.... 원인을 알지 못하면 불안하기 때문입니다. 그래서 알고 있는 모든 스윙지식이 다 나옵니다. 기술을 익히면서, 가능하면 기술의 원리도 공부해 두는 것도 도움이 됩니다. 레슨을 받으면서, 나는 긴장하면 주로 어떤 실수를 하는지, 나의 경향에 대해 정확하게 알아 두는 것도 크게 도움이 됩니다.

마음도 똑같습니다. 라운드 중에 일어나는 마음의 흐름을 잘 알고 있어야 합니다. 내 마음대로 안 되는 것이 내 마음인데... 왜 내 마음이 이런 식으로 흘러가는지 알고 있으면, 그래도 두렵지는 않습니다. 미리 미리 대처할 수도 있습니다.

흥분하면... 그럼에도 불구하고 게임플랜을 고수해야 한다는 것을 알고 있습니다. 만회하고 싶은 마음을 조금 기다리도록 설득할 수 있습니다. 좌절의 상황이지만 받아들이는 것 외에는 방법이 없음을 압니다. 억지로라도 받아들입니다. 불안한 마음은 자연스러운 것이고, 목표에 집중하면서 뚫고 지나가야 한다는 것을 알고 있으면 됩니다.

사실 이 책을 쓰는 목적이기도 합니다. 번개와 천둥이 치면 놀라는 것은 원시시대나 지금이나 똑같습니다. 하지만 전기작용이라는 원리를 알고 있고, 덕분에 피뢰침이라는 장치를 갖추고 있는 현대에는, 마음의 큰 동요 없이 쉽게 지나갈 수 있는 것과 같습니다.

④ 체력을 향상 시켜야 한다.

체력이 좋으신 분들이 심리에너지가 고갈되지 않고, 끝까지 차분하게 라운드를 진행할 수 있습니다.

달리기, 자전거, 에어로빅 등의 유산소운동을 통해서 심폐기능을 튼튼하게 해 두는 것이 필요합니다. 심장박동수를 유지하고, 스윙의 리듬과 템포를 유지하고, 밸런스를 유지해 줄 것입니다. 칠 때 마다, 멀리, 똑바로 가는 스윙을 만드는데 큰 도움이 됩니다. 라운드 중 항상 감사하는 마음을 가질 수 있다면 금상첨화입니다.

⑤ 시간에 대한 안목이 길어야 한다.

만회의 기회는 반드시 옵니다. 조금만 기다리면 됩니다. 지금이 아니면 다음 홀에서, 아니면 다음 라운드에서 만회해도 됩니다. 골프는 먼 길 여행하는 것과 같습니다. 길게 보고 가면, 한 순간의 손실과 어려움은 쉽게 받아 들일 수 있습니다.

개인적인 이야기 하나 하겠습니다. 제 골프여행의 최종목적지는 2040년, 제 나이 70에 69타를 기록하는 것입니다. 이 책을 쓰고 있는 2018년의 기준타수는 91타입니다. 올해는 그 정도만 유지하면 됩니다. 매 년 한 타씩 줄여갈 생각입니다. 올해의 실천목표는 다시 '우드'를 편하게 사용하는 것입니다. 그래서 가방 안에서 드라이버를 빼 버렸습니다. 우드로 티샷 하면 됩니다. 20년 넘게 남은 긴 골프여행, 1년 정도는 드라이버 없어도 여행하는데 큰 지장 없습니다.

⑥ 개선에 대한 믿음을 가져야 한다.

시간이 지나면 나의 골프는 개선됩니다. 완벽해 진다는 뜻이 아닙니다. 여전히 몸은 실수할 것이고, 마음도 내 마음대로 잘 안될 것입니다. 하지만 실수하면, 아프지만, 다시 일어나서 걸으면 됩니다. 바보 같은 선택이 후회스럽지만, 금방 다시 털어버리고 앞으로 가면 됩니다.

가다 보면 또 실수하겠지만, 금방 다시 일어설 수 있다는 믿음이 생깁니다. 넘어지면 여전히 아프겠지만, 다시 일어나면 되기에 두렵지 않습니다. 넘어지는 것이 두렵지 않다면, 잘 넘어지지도 않습니다. 그것이 개선입니다.

나를 강하게 만드는 것은, 넘어지지 않았던 경험이 아니라, **'넘어질 때 마다 내 힘으로 다시 일어났다'**라는 경험입니다. 골프와의 인연을 끊지 않는다면, 개선은 그렇게 반드시 일어납니다. 실수와 함께...

오늘은 항상 어제 보다 나으리.
Today is always better than yesterday.

골프대학시절 101타 치고, 울면서 마음에 새긴 교훈입니다.

⑦ 골프의 목적은 자기만족이어야 한다.

우리는 골프를 왜 할까요? 누구에게 보여주기 위한 것일까요? 자신의 거리와 점수를 자랑하는 자기과시를 위한 것일까요? 만약 그렇다면 너무 슬픈 일입니다. 진실을 이야기 하자면, 아무도 나의 플레이를 봐주지 않습니다. 라운드가 시작되면 누구라도 자기 플레이 외에는 관심 없습니다.

동반자 없이 홀로 라운드 나가보면 압니다. 300야드를 똑바로 날아가는 멋있는 티샷을 했습니다. 아무도 쳐다보는 사람 없습니다. 그래도 기쁩니다. 만족스러우니까요^^ 실수를 했습니다. 아무도 보는 사람 없습니다. 그래도 여전히 아픕니다. 왜? 만족스럽지 않으니까요.

보여주려고 골프 하는 것 아니고, 쳐다보니까 부끄러운 것도 아닙니다. 기쁨과 슬픔을 같이 나눌 동반자가 있다면 오히려 힘이 됩니다. **우리가 좋은 샷을 위해, 더 나은 점수를 위해 노력하는 궁극의 이유는 '자기만족'입니다.**

내 골프의 즐거움을 남의 시선에 맡겨두지 마세요. 자기만족을 위해 노력하는 사람이 세상에서 가장 무서운 사람입니다. 왜? 아무도 말릴 수 없으니까요^^

라운드를 하면서 다양한 경험을 쌓아갑니다. 필요한 기술을 하나씩 익혀갑니다. 내 마음이 왜 이렇게 흘러가는지 이해가 되기 시작합니다. 체력이 많이 향상되어 18홀을 다 마쳐도 지치지 않습니다. 이제는 멀리 보고 큰 그림을 그리기 시작합니다. 나의 골프는 계속 좋아질 것이라는 믿음이 생깁니다. 누가 뭐라던 스스로 만족스러운 골프를 향해 가고 있습니다.

그럼 어떻게 될까요?
나를 믿게 됩니다.

사실 필드에 서면 아무도 나를 대신 할 수 없습니다.
선택도 내가 하고, 실행도 내가 하고, 책임도 내가 집니다.
미지의 결과를 앞 두고, 샷을 해야 하는 지금
내가 믿어야 하는 사람은 나 자신 뿐입니다.

가끔 실수도 하고, 마음도 흔들리지만,
그럼에도 불구하고 항상 내 힘으로 다시 일어났습니다.
나는 점점 더 스스로 믿을 만한 사람이 되어 가고 있습니다.

그럼 되었지요^^

골프에서 가장 중요한 것

나를 믿는다

그 외 아무것도 없다.

1장. 79타란 무엇인가

2장. 경기운영이란 무엇인가

3장. 멘탈게임이란 무엇인가

4장. 구찌란 무엇인가

5장. 필드훈련이란 무엇인가

6장. 나머지 이야기들

1. 구찌란 무엇인가?

멘탈게임이란 무엇인가요?

한번의 임팩트 후에 발생한 심리적 동요를 안정시키고,

다음 플레이에 집중하기 위한

의식적인 노력의 과정

그럼 **구찌**란 무엇일까요?

> 한번의 임팩트 이후에 발생한 심리적 동요를 증폭시키고,
> 다음 플레이에 집중하지 못하도록 교란시키는
> 말이나 행동

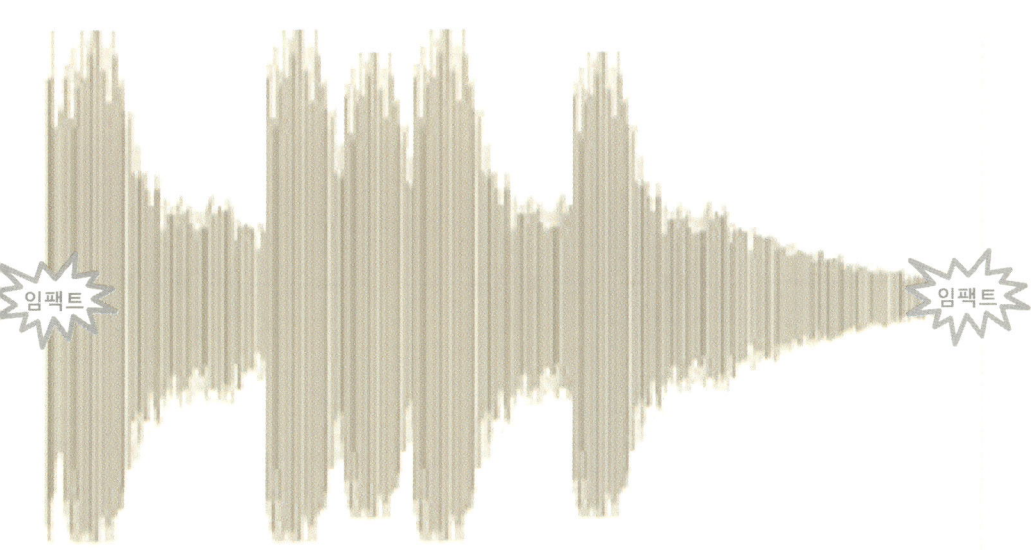

미국 아리조나로 골프여행을 갔습니다. 산마르코스 골프클럽. 1907년에 지어진, 아리조나에서 가장 오래된 골프장입니다.

1번홀 티잉그라운드에 섰습니다. 티를 꽂고, 공을 올리고, 연습스윙 하고, 어드레스 했습니다. 그때 누군가 이런 이야기를 합니다. "슬라이스 내면 안 돼, 유리창 깨져" 어디라도 긴장되는 것이 1번홀인데, 갑자기 어디선가 유리창 깨지는 소리가 들리는 듯 합니다.

산마르코스 골프클럽 1번홀

그린위치 : 흰색동그라미

우여곡절 끝에 1번홀 마치고 2번홀로 왔습니다. 티샷 하려는데 아까 그 분이 다시 이야기합니다. "이번에는 잘 쳐봐. 아리조나까지 와서 이게 뭐야, 긴장하지 말고."

3번홀 210야드 파3. 이번에는 귀에다 속삭입니다. "한 번에 올라갈 수 있겠니? 좀 힘들겠지?"

4번홀 480야드 파4. 티잉그라운드에 섰습니다. "무조건 멀리 쳐!" 힘이 들어 갔는지 공이 오른쪽으로 날아가 OB 났습니다.

5번홀 티잉그라운드에 섰더니 이제 훈수를 두기 시작합니다. "프로한테 그 동안 뭐 배웠니? 백스윙 천천히 하고, 오버스윙 하지 말고, 다운스윙은 어깨부터 돌지 말고 하체부터 돌려 봐. 힘 빼! 공 봐!"

6번홀, 웬일인지 아무 말 없습니다. 드디어 드라이버가 잘 맞았습니다. 280야드, 남은 거리 80야드. 그제서야 이렇게 말합니다. "잘 쳤다. 남들 보다 50야드는 더 왔네. 이제 몸 좀 풀리나 보지? 잘 붙여서 버디 잡아야지." 그런데 50야드 뒤에서 먼저 친 다른 동료가 두번째 샷을 홀컵 2m에 붙여놓습니다. "야! 너는 홀에 바짝 붙여야겠다."

7번홀, 왼쪽으로 꺾이는 도그렉홀입니다. 아예 큰 소리로 외칩니다 "슬라이스는 절대로 안 돼!"

8번홀 스코어카드 보니 130야드 파3입니다. 이 정도야 하고 생각했는데 오른쪽에 물이 있습니다. 샷을 준비하는데 또 한 마디 합니다. "이 거리에서 물에 빠트리면 정말 부끄럽겠다."

9번홀 480야드, 비교적 짧은 파5입니다. 또 한마디 합니다. "야~ 이거 해 볼만 하겠다. 지금까지 그럭저럭 버티고 있으니, 여기서 버디 잡고 후반을 노리면 되겠다. 꼭 버디 잡아야 해! 못해도 파로는 막아야지. 드라이버 정말 잘 쳐야겠다."

......

이런 분 하고는 골프 같이 하기 참 힘듭니다.
저라면 아마 다시는 같이 라운드 안 할 겁니다.

그런데 말입니다......
**만약 그렇게 말하는 분이 다른 사람이 아닌,
내 마음속에 있는 또 다른 나라면 어떻게 해야 할까요?**

2. 구찌의 특징

"야~ 나이스 샷!!! 스윙 진짜 좋다~"
이 말은 구찌일까요, 아닐까요?

기분 좋은 칭찬입니다. 감사하게 들었습니다. 마음이 편해집니다. 자신감이 생깁니다. 덕분에 샷에 집중할 수 있습니다. 그렇다면 구찌가 아닙니다.

스윙 좋다는 말이 자꾸 귓가에 맴돕니다. 설마? 그럴 리 없는데... 그래도 흐뭇한 마음이 자꾸 듭니다. 뭐가 좋다는 거지? 갑자기 궁금해집니다. 자신의 스윙을 계속해서 점검합니다. 백스윙이 좋다는 것인가? 왼팔을 잘 뻗었나? 체중이동이 좋다는 것인가? 허리를 잘 돌린다는 뜻인가? 스윙에 관해 알고 있는 모든 이야기가 머리 속에 떠 오릅니다. 스윙 할 때 마다 멋있는 모습 보여주어야겠다... 생각이 듭니다. 그러면 갑자기 공이 안 맞습니다. 그래서 또 당황입니다.

말을 한 사람의 의도는 알 수 없습니다. 정말 순수한 의미의 칭찬이었습니다. 그런데 듣는 사람의 마음이 흔들렸을 수도 있습니다. 자꾸 실수가 반복되면서, 어쩌면 칭찬을 한 사람도 머쓱해졌을 수 있습니다.

구찌의 고수가 칭찬을 가장하여 의도적으로 상대방의 기분을 홀렸을 수도 있습니다. 왼팔을 똑바로 뻗은 모습이 너무 이상적이라는 둥, 경기 대신 스윙에 집착하라고 온갖 칭찬을 반복해서 늘어놓았을 수도 있습니다.

그런데 순진한 상대방은 그저 칭찬으로만 알아들었습니다. 선배의 말 한마디에 자신의 스윙에 대한 믿음이 생겼습니다. 힘을 얻었습니다. 덕분에 인생경기를 경험 했을 수 있습니다. 끝나고 선배에게 감사의 인사를 했을지도 모릅니다.

지금까지 이야기에서 알 수 있는 구찌의 특징들이 있습니다.
- 다양한 사람들이 구찌의 주체가 될 수 있습니다. 동반자들, 캐디분, 앞 뒤 팀 사람들, 골프장 직원들. 가장 중요한 점은 **대부분의 경우 자기자신이 최대의 방해꾼**이라는 것입니다.
- **의도는 알 수 없습니다.** 아무 생각 없이 또는 선의로 한 말인데, 심각한 방해를 받을 수도 있습니다. 교란을 하겠다는 의도를 가지고 한 말인데, 마음의 평화를 얻기도 합니다.
- 결국 **'본인의 반응'**이 가장 중요한 기준입니다. 구찌라는 것을 뻔히 알면서, 아무렇지 않게 받아넘길 수도 있습니다. 응징은 별도의 문제입니다.

3. 구찌의 유형

구찌란
한번의 임팩트 이후에 발생한 심리적 동요를 **증폭**시키고,
다음 플레이에 집중하지 못하도록 **교란**시키는
말이나 행동을 뜻합니다.

따라서 구찌는 크게 두 가지 유형으로 나뉩니다.
- 심리적 동요를 증폭시키는 말 또는 행동
- 집중하지 못하도록 교란시키는 말 또는 행동

1) 심리적 동요를 증폭시키는 말이나 행동

"야~ 나이스 샷!!! 스윙 진짜 좋다~
2on 한번 노려봐야지?"

"오늘 스윙 진짜 좋다~
한번 질러 봐야지? 페어웨이도 넓은데…"

"오늘 스윙 진짜 좋다~
니어(near) 한번 노려봐야지?"

이런 말들은 약간 의심을 해 봐야 합니다. 흥분을 증폭시키고 기대수준이 올라가도록 자연스럽게 유도할 수도 있습니다. 알면서도 기분이 좋아서, 경계가 느슨해지기도 합니다.

"전반 9홀 베스트, 축하!!!
오늘 잘 하면
사고 한번 치겠는데"

"몇 타 치고 있니?
야~ 남은 두 홀 보기, 보기만 해도
80대 진입하겠네. 힘내라. 홧팅!!!"

두 번째 말은 흥분이 기대를 넘어 부담감과 불안으로 연결될 수 있는 말들입니다. 경우에 따라서 당사자의 멘탈을 한방에 보내버리기도 합니다.

그 말을 한 분이 아직 한번도 80대 진입을 못 해본 분이라면, 순수한 부러움에서 한 말일 수도 있습니다. 70대 치는 경력자가 이런 말을 했다면 한번쯤 의도를 의심해 봐야 합니다.

"내리막 심하다. 세게 치면 훅~ 간다."

"오른쪽 물 조심, 앞에 벙커 조심"

"이 홀은 OB가 잘나는 홀이야. 신중하게…"

주의를 환기시켜주고 싶은 순수한 마음에 한 말일 수도 있습니다. 하지만 눈으로 보면 다 아는 불안요소입니다. 불안요소를 다시 한번 명확하게 떠올리는 역할만 하는 말들입니다. 'OB홀' '슬라이스홀' 그런 것 없습니다.

보통은 말하는 사람의 불안심리를 드러내는 경우가 많습니다. '저 친구, 불안하구나…'라고 생각하면 됩니다. 다 아는 이야기, 그냥 좋게 받아들이면 됩니다. 떠오르는 불안요소는 명확한 목표로 덮어버리면 됩니다.

캐디분이 그렇게 안내하고 있다면 '그 동안 얼마나 많은 인간들이 캐디탓을 했으면…' 생각하면 됩니다. 캐디분의 원활한 직업수행을 위한 자기방어시스템입니다. 교육으로 제도화된, 모두에게 공평한 구찌입니다. 무심하게 받아들이거나, 도움으로 활용하실 수 있다면, 그것은 본인의 실력입니다.

흥분과 기대의 측면에서 일어나는 교란은 그런대로 달콤한 면이 있습니다. 불안의 측면에서 일어나는 교란은 순수하게 해석될 여지도 있습니다. 그런데 좌절의 측면에서 일어나는 교란은 조금 가혹할 수 있습니다.

"너 오늘 스윙 이상하다. 어제 술 마셨니?"

**"넌 루틴이 너무 길어서 안돼.
그런데 스윙은 왜 그렇게 급하니?"**

**"왼팔 구부리지 말고... 허리부터 돌려.
힘 빼, 공 봐!!!"**

그리고 좌절하고 싶은 마음을 돌덩이처럼 누르는 한 마디.
"연습스윙은 참 좋은데..."

마지막으로 분노를 부르는 말이나 행동도 있습니다. 예를 들지는 않겠습니다. 동반자가 도무지 받아 들일 수 없는 말이나 행동입니다. 다시는 같이 라운드 할 일 없게 만들어 버립니다. 절대 하지 말기를 바랍니다. 아무 의도 없이 한 말이었더라도, 사과하는 것이 바람직합니다.

2) 집중을 못하도록 교란시키는 말이나 행동

크게 세 가지가 있습니다. 첫 번째는 **예의 없는 행동**들입니다. 장갑으로 소리내기, 이야기 하기, 움직이기, 그림자 드리우기, 라인밟기 등등, 예의상 하지 말라는 행동을 하는 것입니다. 초보시절에 잘 몰라서 그러는 경우도 있습니다. 기분 상하지 않게, 친절하게 알려주는 것도 선배들의 의무입니다. 알고도 그러는 것이라면, 계속 라운드를 해야 할 사이인지 아닌지, 잘 생각해 봐야 합니다.

두 번째는 **골프 이외 영역**으로 신경을 분산시키는 것입니다. 대표적인 것이 업무관련 이야기를 꺼내는 것입니다. 업무가 목적인 라운드라면 업무상 대화에 집중하면 됩니다. 오히려 골프에 집중해서는 안되겠지요^^ 골프를 즐기는 것이 목적이라면, 라운드 시작 전이나 라운드가 끝난 후에 업무이야기 나누는 것이 좋을 듯 합니다.

하지만 현실은 이런 경우가 더 많습니다. 즐거운 주말, 오랜만에 친구들과 라운드 즐기려 나왔습니다. 전화를 한 통 받습니다. 직장상사 또는 거래처 담당자와 업무 관련된 이야기를 나눴습니다. 그 순간부터 공이 안 맞습니다. 뭐... 저도 답을 잘 모르겠습니다. 먹고 살아야 하니, 어쩔 수 없는 듯 합니다.

세 번째는 **기술적인 이야기**입니다. 준비자세, 스윙동작 등에 관한 이야기 입니다. 라운드 중 가장 흔히 나누는 대화입니다. 물어보지도 않았는데 스윙레슨이 훅~ 들어오기도 합니다. 어쩌다 실수가 한 번 났는데, 그 원인을 찾아내려고 스스로 스윙이론에 매몰되기도 합니다. 장타비법이라는 말에 새로운 것을 시도하다가 한방에 훅~ 가기도 합니다.

휴대전화를 바꿨습니다. 제조사가 달라지니, 자판의 배열이 다릅니다. 익숙하지 않아 자꾸 오타가 납니다. 계속 자판에 신경을 쓰다 보니, 대화가 잘 이어지지 않는 것과 같습니다.

스윙에 대한 지적질이 들어오기도 합니다. 또는 스윙에 대한 칭찬으로 들어와서 기술적인 생각에 머물게 하기도 합니다. 칭찬으로 들어와 괜히 힘들어가게 만들어 버립니다. 개그맨 출신 골프고수가 방송에서 이야기해서 유명해진 수법입니다.

정말 고단수는 스윙에 관해서 물어보기도 합니다. 정중하게 레슨을 청하기도 합니다. '스윙할 때 숨을 내 쉬면서 하나요, 들이쉬면서 하나요?' '웨지로 어프로치 할 때, 공이 떨어지는 지점을 봐야 하나요, 홀을 바라봐야 하나요?' 질문에 대답하느라, 또는 동반자 스윙에 집중 하느라, 정작 본인의 선택과 실행과 책임의 과정은 점점 소홀해 질 수도 있습니다.

[내기란 무엇인가]

골프와 내기. 내기를 예찬하시는 분들도 있습니다. 집중하게 만들어 주고, 더 재미있게 만들어 준다고 말씀하십니다. 골프 내기가 부담스러운 분들도 있습니다. 그런 분들에게 내기란 구찌의 종합결정판과도 같습니다.

우선 **심리적 동요를 증폭시키는 장치**입니다. 결과에 돈이라는 보상을 걸었기 때문입니다. 성공에 돈이라는 보상이 따라오고, 실패에 돈이라는 손실이 따라옵니다. 흥분, 기대, 좌절, 분노, 불안, 부담감... 모든 동요를 증폭시킵니다.

과정보다 보상을 생각하게 유도하는 장치입니다. 선택, 실행, 책임의 과정에 집중하는 것이 멘탈게임의 기본입니다. 그런데 돈 계산을 하도록 유도합니다. 내 플레이의 과정이 아니라, 결과에 따른 보상을 생각하도록 유도합니다.

동반자의 플레이도 신경 쓰도록 만드는 장치입니다. 골프는 공격과 수비가 없습니다. 내 공만 잘 치면 되는 기록경기가 본질입니다. 하지만 내기는 상대방과의 비교가 기본입니다. 동반자의 모든 과정과 결과도 신경 쓰이게 만들어 버립니다. 그 만큼 신경이 분산되는 것은 당연합니다.

4. 구찌 방어법

1) 미리 마음의 준비를 한다.

구찌는 항상 존재합니다. 몰라서 그러기도 하고, 순수한 마음에서 그러기도 하고, 의도를 가지고 그러기도 합니다. 그러니 구찌가 존재하는 것은 어쩔 수 없습니다. 당연히 존재하는 것이니 미리 마음의 준비를 하면 됩니다.

오늘은 어떤 구찌가 들어오려나? 예상한 구찌가 들어오면, 오히려 마음속으로 웃을 수도 있습니다. 마음의 흐름을 알고 있고, 구찌가 어떤 작용을 하는지 알고 있으면 대처하기 편합니다. 내가 감당하기 힘든 강한 교란이 예상되면, 기대점수에 몇 타를 미리 반영해도 됩니다.

무엇보다 구찌를 즐기면 됩니다. 아무런 방해 없는 순도 100% 짜리 산소 같은 라운드는 없습니다. 그런 경험을 하고 싶으면 홀로 라운드 나가보면 됩니다. 방해 안 받고 편하기는 합니다. 하지만 의외로 힘든 측면도 있습니다. 기쁨과 슬픔을 함께 나눌 수 없기 때문입니다. 그런 측면에서 약간의 구찌는 약간의 즐거움이기도 합니다. 음식의 간을 맞추는 소금 같은 역할을 하기도 합니다. 과하지만 않으면 즐기면 됩니다.

2) 니가 한 구찌를 구찌라고 말한다.

하찮은 구찌를 구찌랍시고 하는 분들도 있습니다. 나를 그 정도로 밖에 안 보나? 자존심 상하기도 합니다. 때로는 몰라서 그러기도 합니다. 본인은 순수한 의도인데, 내가 불편해 하고 있다는 것을 모르기도 합니다.

"그거 구찐데..." **살짝 웃으며** 이야기 하면 됩니다. "저도 이제 백돌이 아닌데요... 그 정도는 아는데요^^" 더 이상 통하지 않는 구찌를 계속 하는 사람은 없습니다. 아... 내가 방해하는 말을 하고 있었구나.... 알고 나면 대부분 멈춥니다.

'**살짝 웃으며**'가 가장 중요한 기술입니다. 그래야 상대방도 '**살짝 웃는**' 수준에서 반응합니다. 사람과 사람 사이 반응은 일단 비슷한 수준에서 이루어지는 것이 기본이기 때문입니다. 만약 화를 내거나, 짜증 내거나, 신경질을 내면, 상대방도 똑같이 반응한다고 보면 됩니다.

웃으며 말했는데, '내가 뭘 구찌했다고 그래?' 하며 화를 버럭 낸다면? 걱정 없습니다. 이제 무너지는 것은 그 분이니까요.

3) 같이 라운드 안 한다.

즐겁자고 하는 골프, 마음이 불편한 사람과는 같이 안 하면 됩니다. 정중히 거절하면 됩니다. 그 분이 외로워지는 것은 순전히 그 분 탓입니다.

반대로 마음에 안 든다고 다 거절했더니, 내가 외로워진다면 그것은 내 탓입니다. 본인의 라운드 모습을 스스로 솔직하게 살펴봐야 합니다.

가끔은 정말 싫지만, 골프가 아닌 다른 이유 때문에 구찌가 난무하는 환경에서 라운드 하기도 합니다. 어쩔 수 없지요. 일단은 받아들여야 합니다. 그리고 그런 관계를 정리하던가, 관계를 변화시키거나, 아니면 본인이 더 강해져야 합니다.

4) 스스로 강해진다.

예전에 골프학교 운영할 때, 수업 중에는 신체접촉을 제외한 모든 종류의 구찌를 허용했습니다. 덕분에 수업은 항상 시끄러웠습니다. 교란에 익숙해지고 단련시키기 위해서 였습니다. 학교 밖에서는 웬만한 공작에는 절대 당하지 말라고…

라운드 중 일어나는 마음의 흐름을 잘 이해해야 합니다. 저건 흥분을 유도하는 말이구나, 덤비지 말아야지. 저건 대놓고 기대수준을 높이라고 하는 말인데... 저건 좌절의 상처를 심화시키는 말인데, 일부러 저러나? 저런다고 내가 불안해지지는 않는데... 그냥 목표에 집중하면 되지. 아... 기술적인 생각으로 몰아가는구나... 나중에 본인이 오히려 힘들어 질 텐데... 알면 당하지 않습니다. 씩~ 웃고 넘어갈 수 있습니다.

실력이 좋아지고 점수가 향상되면 구찌가 줄어듭니다. 정확하게는 수준 낮은 구찌가 줄어듭니다. 고수에게 어디 감히 하찮은 구찌를... 이제 들어오는 구찌의 품격도 올라갑니다.

5) 나 자신을 안다.

많이 경험해서 단련되고, 마음의 흐름도 잘 이해하고, 점수도 꽤 좋아졌습니다. 그렇게 스스로 강해졌다고 생각했습니다. 그런데 여전히 나를 교란시키는 어떤 말이나 행동이 있다면, 그것은 나의 약점을 정확하게 파고드는 교란입니다. 자신을 돌아보는 계기로 삼아야 합니다.

사람마다 통하는 구찌는 모두 다릅니다. 나를 약하게 만드는 구찌가 무엇인지 알면, 자신의 성향을 좀 더 잘 알게 됩니다.

5. 골프를 하는 이유

우리가 골프를 하는 이유는 무엇일까요?

하루라는 시간을 사용해 골프를 합니다. 여행을 가거나, 책을 읽거나, 영화나 드라마를 보거나, 쇼핑을 하거나, 친구를 만나거나, 놀이동산을 갈 수도 있는 시간에 골프를 합니다. 다른 운동을 할 수도 있는데, 골프를 합니다. 왜 그랬을까요?

누구나 시간을 들여서 어떤 경험을 할 때는, 그 경험이 가치있기를 바랍니다. 죽음을 예정하고 있는 인간이 느끼는 최고의 가치는 **살아있다는 느낌, 즉 존재감**입니다. 우리가 소중한 시간을 골프에 쏟는 이유는, 골프를 하면서 존재감을 느끼기 때문일 것입니다. 그것이 궁극의 답입니다. **살아있네~!!!**

그러면 골프는 어떤 방식으로 우리에게 존재감을 줄까요?
① **멀리 치는 것에서 활력을 느끼기도 합니다.**
② **경쟁에서 이기는 것으로 쾌감을 느끼기도 합니다.**
③ **목표했던 점수를 기록하면서 성취감을 느끼기도 합니다.**
④ **사람들과 어울리는 것에서 안정감을 느끼기도 합니다.**
⑤ **자연을 거닐면서 내 삶의 여유를 느끼기도 합니다.**

충분히 강해졌다고 생각했습니다. 그런데 마지막까지 나의 약점을 정확하게 파고드는 교란이 있습니다. 알면서도 막상 닥치면, 나도 모르게 당하고 마는 억울한 구찌들이 있습니다. 보통은 자신이 골프를 하는 이유와 닿아 있는 듯 합니다.

2on 한 번 질러봐야지? 알바트로스는 평생의 영광인데...

이 말에 "제가 무슨..."하고 가볍게 거절하는 사람이 사실은 더 많습니다. '구찌라는 것 알아요, 그 정도로는 안 당해요^^' 하고 속으로 웃으시는 분들도 있습니다.

하지만 유독 반응하시는 분들도 있습니다. 멀리 날아가는 공을 보며, 자신의 활력을 확인하고 싶으신 분들일 수 있습니다. 자신의 무한한 능력을 동반자들에게 보여주는 것으로 아직 살아있음을 과시하고 싶으신 분들일 수 있습니다.

오히려 주변에서 아무 말 안 해도 알아서 지르는 경우가 더 많습니다. 자신의 스윙을 자랑하거나, 다른 분들에게 장타비법을 자꾸 전수하시기도 합니다. 아무도 물어보지 않았는데... 간혹 더 멀리 치는 사람을 만나면 무너지기도 합니다.

상대방의 플레이에 좌우되는 경우…

상대방이 벙커에 빠지는 것을 보면서 행복해하고 있었습니다. 그런데 벙커에서 홀로 멋있게 붙여버리자, 이제 당황합니다. 내 공은 그냥 그 자리에 가만히 있었는데…

동반자와 비교하며 경쟁에서 이기는 것으로 쾌감을 느끼는 성향의 분들이 빠지기 쉬운 함정입니다. 누가 구찌한 것도 아닌데… 그냥 혼자 흔들리고 있습니다. 만약 내기상황이라면 상대방은 언제 어디서나 최고의 모습을 보여줄 것이라 생각해야 내가 흔들리지 않습니다.

경쟁은 자기 발전의 강한 원동력입니다. 하지만 구찌를 통해 이기려 한다면, 동반자들이 힘들어지기도 합니다. 외로워질 수 있습니다. 깔끔하게 실력으로 이기면 모두 편합니다.

마지막 홀 보기만 해도 오늘 베스트 하는 거야…

점수에 반응하는 분들이 있습니다. 자신의 성과에 따른 성취감을 원하는 분들입니다. 대부분은 본인 스스로 방해하는 경우입니다. 동반자들은 내 점수가 어떤지 잘 모릅니다.

물, 벙커, OB가 무서워...

기본적으로는 본인의 점수와 성과에 집중하는 스타일입니다. 그런데 불안이 기본정서입니다. 그리고 성과의 방해요소를 외부에서 찾습니다. 물, 벙커, OB 같은 외부요소에 반응하고 있다면 한번 생각해 봐야 합니다. 이런 성향의 분들이 최악으로 변하는 경우는, 자신의 실수를 캐디분이나 동반자 탓으로 돌리기 시작할 때 입니다.

스윙이 좀 이상하다...

스윙이 이상하다는 말에 '나도 알아, 원래 그래'라고 반응할 수도 있습니다. '그래도 너보다 잘 쳐'하고 보여주는 사람도 있습니다. '짐 퓨릭도 스윙은 이상해. 근데 59타를 두 번이나 쳤다네... 신기하지!!!'라고 적극적으로 반박할 수도 있습니다.

그런데 스윙 이상하다는 말에 유독 반응하시는 분들도 있습니다. 기본적으로는 본인의 성과에 집중하시는 분들입니다. 그리고 성과에 방해되는 요인을 외부에서 찾는 것이 아니라, 본인의 기술적 결함에서 찾습니다. 감사하게도 동반자들에게 피해를 주지는 않습니다. 아무 말 없이 스스로 상처를 주고 있는 경우가 많아, 조금 안타깝기도 합니다.

스윙 때문에 너무 괴로워하지 마시기 바랍니다. 필드에서는 스윙을 고치는 것이 절대 쉬운 일이 아닙니다. 일단은 본인의 연습스윙을 믿어야 합니다. 내가 할 수 있는 최고의 스윙은 연습스윙에 저장되어 있습니다. 그 감각을 믿어야 합니다.

긴장하는 순간에 나타나는 본인의 특이경향을 알고 있다면, 그것만 신경 쓰면 됩니다. 그게 아니라면 동반자의 말은 무시하는 것이 필요합니다. 근거 없이 함부로 나의 스윙을 의심해서는 안됩니다. 멘탈붕괴의 지름길일 뿐입니다.

꼭 스윙을 점검하고 싶다면, 라운드 끝나고 점검하면 됩니다. 필드에서 점검하고 싶다면, 정렬, 템포, 밸런스만 신경 쓰시면 됩니다. 임팩트 순간에 공만 보고 있어도, 그날의 라운드는 훌륭하게 마무리 할 수 있습니다.

예의 없는 행동에 화가 치민다면...

두 가지 경우입니다. 하나는 본인의 성과에 집중하시는데, 방해요인을 외부에서 찾으시는 경우입니다. 또 다른 경우는 사람들과 어울리면서 안정감을 느끼는 경향의 분들입니다. 그런 분들은 '관계의 원만함'을 가장 중요한 가치로 여깁니다. 그래서 관계를 무너뜨릴 수도 있는 비매너에 반응하십니다.

상대방이 힘든 상황에 처해 있습니다. 나도 고전합니다.

경쟁에서 이기기를 원하는 분들이라면, 상대의 불행을 나의 행복으로 받아들일지도 모릅니다. 하지만 관계의 원만함을 중요하게 생각하시는 분들은 그 고통을 동감하며 같이 무너지기도 하십니다. 내가 돈을 너무 많이 따서, 미안해서, 무너지시는 분들입니다. 내가 돈 많이 따서, 반드시 멋있게 돌려주겠다고 마음 먹으면, 본인이 흔들리지 않을 수 있습니다.

하늘을 보며, 바람을 맞으며, 잔디를 밟는 것이 좋아...

라운드의 상황에 별다른 영향 없이, 한결 같은 모습으로 진행하는 분이 있다면 이런 성향일지도 모릅니다. 누가 방해할 수 있겠습니까? 그냥 자연을 상대하고 있을 뿐인데... 아무에게도 방해되지 않겠지요, 물 흘러가듯 가고 있을 테니까요...

대한민국 사람 누구나
골프의 멋과 여유를 즐길 수 있는 날이
언젠가 오겠지요^^

[내기, 허세와 견제의 골프문화]

사람과 사람의 관계를 파악하고 설정하는 방식은 크게 두 가지가 있습니다. 수직적인 관계설정과 수평적인 관계설정.

수직적으로 인간관계를 설정하시는 분들이 모여 골프를 하면 어떻게 될까요? 그 분들은 서열을 매겨야 마음이 편해집니다. 기준은 뭘까요? 거리? 구력? 보통은 점수를 기준으로 서열을 매깁니다. 제일 쉬운 방법이 내기를 하는 것입니다.

골프의 본질을 경쟁으로 보시는 분들에게 딱 맞는 골프문화입니다. 거리를 과시하는 분들도 쉽게 동조하는 방식입니다. 내기는 경쟁을 증폭시키는 장치입니다. 승패를 위해서라면 경기력 이외의 요소가 들어오기도 합니다. 바로 구찌입니다. 심지어 구찌도 경기력의 한 요소라고 여기기도 합니다.

골프를 정말 잘 하는 투어선수들은 구찌가 필요 없을까요? 선수들의 말을 들어보면, 시합장에서의 신경전은 말로 할 수 없을 정도라고 합니다. 아주 바닥의 구찌부터 최상급의 구찌까지, 때로는 은밀하게, 때로는 세련되게, 때로는 노골적으로 주고 받는다고 합니다. 글로 소개하지는 않겠습니다.

수직적 관계설정이 주류가 되고, 내기의 강요가 시스템으로 자리잡은 곳에서는 특유의 현상이 생겨나기도 합니다. 바로 **허세와 견제의 문화를 통한 착취의 대물림**입니다. 연습한다고 뭐 달라지는 것 있나? 연습스윙 하면서 시간 잡아 끌지 마. 골프규칙 잘 모르지? 이러면 다음 홀은 또 배판이지... 억울해하지마, 나도 그렇게 배웠어. 억울하면 실력 키워^^

수평적으로 인간관계를 설정하시는 분들이 모여 골프를 하면 어떻게 될까요? 각자의 인생이 이유가 있듯, 각자의 골프도 이유가 있다는 것을 서로 인정합니다. 같이 라운드를 한다는 것은, 같은 목적지를 향해 여행하는 동반자라는 뜻이 됩니다. 경쟁이 있다면, 아마 어제의 자신과 경쟁을 하고 있을 겁니다.

수직적 관계설정을 하시는 분들과 **수평적** 관계설정을 하시는 분들이 만나 골프를 하면 어떻게 될까요? 내기가 있어야 재미있다는 주장이 강하게 나옵니다. 다른 분들은 고민합니다. 정중하게 거절하기도 합니다. 상대방의 재미와 방식도 존중하는 분들이라 동의하기도 합니다. 일단 내기가 시작되면 구찌는 반드시 따라옵니다. 내기의 세계에서는 당연한 일이니...

골프도 시대의 문화를 반영하기 마련입니다. 앞으로 우리가 살아가야 할 시대의 문화는 어떨지 조금 궁금하기는 합니다.

1장. 79타란 무엇인가

2장. 경기운영이란 무엇인가

3장. 멘탈게임이란 무엇인가

4장. 구찌란 무엇인가

5장. 필드훈련이란 무엇인가

6장. 나머지 이야기들

1. 필드훈련이란 무엇인가?

79타의 구성을 알았습니다.
- 필드샷 (36타 + 10) + 퍼팅 (36타 – 3)
- GIR 9개 / GIR+1 8개 / GIR+2 1개
- 1퍼팅 5개 / 2퍼팅 11개 / 3퍼팅 2개

79타의 조건을 알았습니다.
- 2m에서 퍼팅을 성공할 수 있다.
- 20m에서는 2m 안으로 보낼 수 있다.
- 벙커에서는 한번에 그린으로 갈 수 있다.
- 150m 안쪽에서는 20m 안으로 보낼 수 있다.
- 150m 바깥에서는 안전하게 150m 안으로 보낼 수 있다.

트리플보기가 사라져야 한다는 것을 알았습니다.
OB없이, 물에 빠지지 않고, 잃어버리지 않고
공 하나로 라운드를 마무리 할 수 있어야 함을 알았습니다.
무너지지 않기 위해서는 심리적 동요를 진정시키고,
다음 샷에 집중해야 한다는 것을 알았습니다.
다른 분들의 말과 행동에 흔들리지 않아야 함을 알았습니다.

이제 무엇을 해야 할까요?

훈련해야 합니다.

아는 것만으로 79타를 기록할 수 있는 것은 아닙니다.

경기운영과 멘탈게임도 훈련이 되나요?

운영하는 방식도, 생각하는 방식도 일종의 습관입니다.

훈련을 통해 습관은 고쳐나갈 수 있습니다.

어떤 훈련을 해야 할까요?

다양한 훈련을 할 수 있습니다.

물론 연습장에서의 훈련도 필요합니다.

하지만 가장 효과가 좋은 것은 필드에서의 훈련입니다.

실제 라운드 상황에서 필요한 것들을 갖춰가야 합니다.

훈련의 목적을 정하고,

라운드의 방식을 조금만 변경하면 됩니다.

필드훈련이란 필드에서 주어진 미션을 달성하면서,

성공의 경험을 쌓아가는 과정입니다.

자신감의 가장 중요한 원천은 성공의 경험입니다.

2. 마무리 강화 훈련

1) 2m퍼팅 라운드

진행방식
- 공이 그린 위로 올라옵니다.
- 퍼팅라인 선상에서 2m 지점에 마크를 합니다.
- 원래 위치와 상관 없이 2m에서 퍼팅을 합니다.
- 실패하면 같은 지점에서 다시 퍼팅 합니다.
- 성공할 때 까지 반복합니다.

기대효과
- 9홀 라운드라면 9번, 18홀 라운드라면 18번, 2m 퍼팅에 성공한 경험을 하게 됩니다.
- 실패는 중요하지도 않고, 기억할 필요도 없습니다. 오직 18번의 성공만 기억하면 됩니다.
- 2m의 거리감과 라인감각을 확실하게 익히게 됩니다.
- 라운드 진행을 지연시킬 요소는 거의 없습니다. 뒤 팀이 다가오면 오히려 심리적 부담감으로 작용합니다. 훈련 효과는 더 강해집니다.

2) 퍼팅 사다리타기

진행방식

- GIR만큼 스윙 합니다. 파3홀 1회, 파4홀 2회, 파5홀 3회
- 공의 위치와 홀의 위치를 보면서 퍼팅라인을 정합니다.
- 1번홀은 공을 집어 3m지점에서 퍼팅을 시작합니다.
- 2번홀부터 1m 물러섭니다. 2번홀 4m, 3번홀 5m …… 18번홀 20m에서 퍼팅을 시작합니다.
- 2회 이내에 끝내면 성공입니다. 몇 홀이나 성공하는지 기록합니다.

기대효과

- 3m ~ 20m 까지 1m 간격으로 퍼팅을 하게 됩니다.
- 20m안에서 두 번으로 마무리 하는 경험을 합니다.
- 다양한 거리에 대한 거리감각을 익힙니다.
- 진행상의 문제가 있으면, 퍼팅은 2번으로 제한합니다. 두 번의 퍼팅으로 성공하는 것만 기억하면 됩니다. 훈련 목적상 세 번째 퍼팅은 의미 없습니다.

3. 웨지 강화훈련

3) 20m 라운드

진행방식
- GIR만큼 스윙 합니다. 파3홀 1회, 파4홀 2회, 파5홀 3회
- 그린이 목표가 아니라, 그린 앞에 떨어지는 것을 목표로 샷을 합니다. (진행을 위하여)
- 홀에서 20m 지점을 정합니다.
- 공 3개를 연속으로 칩샷합니다.
- 홀에서 가장 가까운 공 하나를 골라 퍼팅 합니다.
- 퍼팅의 기회는 단 한번 입니다. (진행을 위하여)
- 몇 홀이나 퍼팅에 성공하는지 기록합니다.

기대효과
- 18홀 내내 다양한 라이의 20m 칩샷을 연습합니다.
- 20m에 대한 거리감을 확실하게 정립합니다.
- 20m에서 두 번 만에 끝내는 경험을 쌓아갑니다.

4) 벙커라운드

진행방식

- GIR 만큼 스윙 합니다. 파3홀 1회, 파4홀 2회, 파5홀 3회
- 그린이 아니라, 그린 주변 벙커를 목표로 샷을 합니다.
- 벙커에 빠지지 않았으면, 집어서 벙커로 던져 넣습니다.
- 그린에 공이 올라갈 때 까지 벙커샷을 합니다.
- 퍼팅은 생략합니다. (진행을 위하여)

기대효과

- 벙커샷으로 그린에 올라가는 경험을 18회 합니다.
- 몇 번 시도했는지 기록할 필요 없습니다. 오직 18번의 성공만 기억하면 됩니다.
- 아이언 샷의 정확도가 올라갑니다. 그린보다 훨씬 작은 벙커를 목표로 연습하기 때문입니다.
- 나중에 그린을 향해 쏘는 샷이 쉽게 느껴집니다.

5) 벙커넘기기 라운드

진행방식
- GIR 만큼 스윙 합니다. 파3홀 1회, 파4홀 2회, 파5홀 3회
- 그린이 아니라 벙커주변을 목표로 합니다. 벙커를 목표로 해도 됩니다.
- 공을 집어 그린주변 벙커 뒤쪽에 자리잡습니다.
- 벙커를 넘기는 샷을 2~3개 연속으로 합니다.
- 홀에서 가장 가까운 공을 골라 퍼팅합니다.
- 퍼팅은 단 한번만 합니다. (진행을 위하여)

기대효과
- 벙커를 넘기는 불안감을 극복할 수 있습니다.
- 공을 띄워야 하는 웨지샷에 익숙해집니다.
- 웨지의 탄도와 거리조절에 익숙해집니다.
- 퍼팅으로 한번에 끝낼 수 있는 거리를 목표로 웨지를 연습합니다.

6) 물 넘기기 라운드

진행방식
- 물이 있는 홀에서 실시합니다.
- 티샷을 하고 나면, 공을 집어서 물 앞으로 이동합니다.
- 물을 건너서 그린으로 보내는 지점을 선택합니다.
- 가급적 피칭웨지 이내의 거리를 선택합니다.
- 샷에 부담이 없는 평평한 지점을 선택합니다.
- 2~3개 샷을 해 봅니다.
- 퍼팅은 생략합니다.

기대효과
- 물에 대한 불안감을 극복합니다.
- 충분히 건널 수 있는 물은 머리 속에서 지울 수 있음을 경험합니다.
- 순수하게 날아가는 거리의 중요성을 익힙니다.
- 조금 길게 잡고 깃발을 지나가는 샷을 연습합니다.
- 물을 앞에 두고 적절한 클럽선택의 요령을 익힙니다.

7) 웨지라운드 1

- 티샷을 하고 나면, 공을 집어 60m로 갑니다.
- 50m, 40m, 30m, 20m 네 번 샷을 합니다.
- 퍼팅은 생략합니다.
- 9홀 또는 모든 홀을 그렇게 진행합니다.

- 20 ~ 50m 사이의 거리를 조절할 수 있습니다.

8) 웨지라운드 2

- 티샷을 하고 나면, 공을 집어 90m로 갑니다.
- 90m, 80m, 70m, 60m 네 번 샷을 합니다.
- 퍼팅은 생략합니다.
- 9홀 또는 모든 홀을 그렇게 진행합니다.

- 60 ~ 90m 사이의 거리를 조절할 수 있습니다.

4. 파3 강화훈련

9) 100m 정렬라운드

진행방식

- 티샷을 하고 나면 위치에 상관 없이 공을 집습니다.
- 100m 지점에서 두 번째 샷을 합니다.
- 정렬에만 신경을 씁니다.
- 처음에는 다른 클럽을 바닥에 두고 정렬을 맞춥니다.
- 정렬이 정확한 상태에서 클럽선택과 구질을 확인합니다.
- 3홀 이상 연속으로 그린 올라가기에 성공하면, 바닥에 클럽을 없애고 다시 샷을 시도해 봅니다.
- 동반자끼리 서로의 정렬을 확인해 줍니다.
- 사진을 찍어서 확인해도 됩니다.

기대효과

- 정렬과정의 루틴을 확립합니다.
- 정렬과정에서 착시를 극복합니다. 제대로 정렬했을 때 목표가 어떤 모습으로 보이는지 익숙해 집니다.
- 100m 거리감각과 클럽선택이 명확해 집니다.
- 본인의 스윙습관과 구질을 확인하게 됩니다.

10) 150m 파3 라운드

진행방식

- 티샷을 하고 나면 위치에 상관 없이 공을 집습니다.
- 110m 지점에서 두 번째 샷을 합니다.
- 파를 할 수 있는지 테스트 합니다.
- 실패하면, 다음 홀도 110m에서 시작합니다.
- 성공하면, 다음 홀은 120m 지점에서 시작합니다.
- 성공할 때 마다, 다음 홀은 10m씩 물러섭니다.
- 150m에서도 파에 성공하면 남은 홀은 150m에서 계속 파3 플레이를 지속합니다.

기대효과

- 150m에서 세 번에 끝내는 경험을 쌓아 갑니다.
- 파3지역에 대한 자신감을 키웁니다.

5. 경기운영 강화훈련

11) 게임플랜 세우기 Game Planning

진행방식
- 티샷을 하기 전, 홀의 길이와 구성을 확인합니다.
- 사용할 클럽과 예상스코어를 미리 말합니다.
  드라이버-우드-웨지-퍼터-퍼터, 보기
- 라운드 중에는 상황에 맞게 조정해서 라운드 합니다.
- 처음 게임플랜과 얼마나 차이가 났는지, 차이가 났다면, 계획이 적절하지 못했던 것 인지, 실행에서 차이가 난 것인지 확인합니다.

기대효과
- 한 홀을 미리 그려보는 습관을 키울 수 있습니다.
- 처음 세운 계획은 상황에 맞춰 적절하게 변경할 수 있음을 경험합니다.
- 자신의 실력을 냉철하게 바라보게 됩니다.
- 자신의 실력에 맞는 계획은 어떤 모습인지 알게 됩니다.
- 개선이 필요한 부분을 찾을 수 있습니다.

12) 4클럽 챌린지 4 Club Challenge

진행방식

- 라운드에 사용할 4개의 클럽을 미리 정합니다.
- 클럽구성은 자유지만, 퍼터는 반드시 포함합니다.
- 우드-7번-웨지-퍼터가 가장 일반적인 구성입니다.
- 매 홀 티샷하기 전 게임플랜을 세우고 진행합니다.

기대효과

- 선택된 클럽들의 사용이 익숙해집니다. 우드와 웨지를 집중적으로 사용해 볼 수 있는 기회입니다.
- 하나의 클럽을 다양하게 활용하는 경험을 합니다.
- 코스의 다양한 위치에서 플레이 해 보게 됩니다.
- 코스를 공략하는 새로운 시각을 얻게 됩니다.
- 안정적인 코스운영에 관한 경험을 합니다.
- 클럽이 많은 것 보다, 자신 있게 사용할 수 있는 클럽이 있다는 것이 중요함을 알게 됩니다.
- 4개 클럽만 잘 사용해도 충분히 90타를 기록할 수 있음을 알게 됩니다.

13) 원 볼 챌린지 One Ball Challenge

진행방식

- 방식1 : 라운드 시작 전, 공 하나를 신고합니다. 그 공으로 18홀 라운드를 마무리하는 것이 주어진 과제입니다. 중간에 OB나거나, 잃어버리거나, 물에 빠지면, 그 순간 라운드가 끝납니다. 짐 싸서 집으로 가야 합니다.
- 방식2 : 공 하나로 몇 홀을 마무리 할 수 있는지 세어봅니다. 중간에 OB나거나, 잃어버리거나, 물에 빠지면 실패입니다. 다음 홀에서 새로운 공으로 다시 시작합니다. 몇 홀을 연속으로 할 수 있는지 개인기록을 관리합니다.

기대효과

- 지극히 방어적인 경기운영방식을 몸에 익히게 됩니다.
- 경기운영의 인내심을 향상시킵니다.
- 마음먹으면 보기는 쉽게 할 수 있는 능력을 키웁니다.

※ 1번홀 티샷하고 짐 싸서 집에 간 친구도 있습니다.
※ 참고로 저의 개인 기록은 공 하나로 54홀 입니다.

14) 좋은 공, 나쁜 공 Good Ball & Bad Ball

진행방식

- 한 사람이 두 개의 공, 또는 2인1조로 진행합니다.
- 한 홀은 두 개의 결과 중 좋은 결과를 계속 선택합니다. 같은 자리에서 다시 두 번 플레이 합니다.
- 다음 홀은 나쁜 결과를 계속 선택합니다. 같은 자리에서 다시 두 번 플레이 합니다.

효과

- 좋은 공을 플레이 하고 있으면, 상황이 잘 풀릴 때의 대처능력을 키울 수 있습니다. 해 보면 아시겠지만, 상황이 잘 풀려간다고 심리적 부담이 없는 것은 아닙니다.
- 나쁜 공을 플레이 하고 있으면, 상황이 안 풀릴 때의 대응능력을 키울 수 있습니다. 압박을 이겨내고 어떻게든 마무리를 지어야 합니다. 인내심도 커집니다.
- 나쁜 공을 플레이 하는 와중에 무너지는 순간의 경향을 확인할 수 있습니다. 위기에 대한 조기대처능력을 키울 수 있습니다.
- 심리적으로 힘든 훈련입니다. 상급자용 훈련입니다.

6. 심리압박훈련

15) 콜 플레이 Call Play

- 샷을 할 때 마다, 어떻게 쳐서 어디로 떨어뜨리겠다는 것을 미리 말하고 칩니다.

- 마음 속으로 미리 그려보는 연습을 하게 됩니다.
- 자신의 계획을 객관화 시키면서, 마음 속의 다른 대안을 미련 없이 버리는 연습을 합니다.

16) 점수 세기 라운드

- 사전에 목표 점수를 정합니다.
- 한 홀을 마칠 때 마다, 지금 몇 타를 치고 있는지 공개적으로 말합니다.

- 처음에는 힘들지만, 결국에는 점수에 무심하게 됩니다.
- 최고기록을 세우는 과정에 도움이 됩니다.

17) 구찌 라운드

- 상대방을 물리적으로 접촉하는 것, 안전에 지장을 주는 행동만 아니면, 모든 구찌를 허용하는 라운드입니다.
- 지속적인 인간관계를 위해서 내기는 금지입니다.
- 좋은 점수가 목적이 아닙니다. 이런 시끄러운 라운드를 끝까지 헤쳐나가는 것이 목적입니다. 그 과정에서 귀를 닫는 연습을 하는 것이 목적입니다.

- 동반자의 말과 행동에 둔감해집니다.
- 매너 좋은 동반자들의 감사함을 알게 됩니다.

18) 교장쌤과의 내기라운드

- 교장쌤과 라운드하면서 내기를 합니다.
- 타당, 홀당, 금액의 크기 등 자유롭게 정합니다.
- 끝나면 이긴 사람이 잃은 사람에게 모두 돌려 줍니다.

- 라운드 중 돈이 오가는 것이 무심해집니다.

1장. 79타란 무엇인가

2장. 경기운영이란 무엇인가

3장. 멘탈게임이란 무엇인가

4장. 구찌란 무엇인가

5장. 필드훈련이란 무엇인가

6장. 나머지 이야기들

1. 1번홀 이야기

"1번홀, 2번홀을 합쳐서 보통 +5로 시작합니다.
이걸 +3으로 줄여보고 싶은데.....
대체 1번홀에서는 어떤 생각으로 임해야 하나요?"

1) 진지하다는 증거다.

캐디분이 적어주는 1번홀 일파만파의 관행과는 상관 없이, 본인의 점수를 정확하게 인지하고, 기록하고, 관리한다는 뜻입니다. 1번홀이 단순히 몸 푸는 홀이 아니라, 1번홀부터 제대로 라운드를 풀어가겠다는 뜻입니다. 그 만큼 골프를 진지하게 바라보고 있다는 증거입니다. 감사합니다.

2) 근본적인 책임은 골프장에 있다.

가장 좋은 것은 1번홀 티샷을 앞두고 충분히 연습해서 몸을 준비시키는 것입니다. 그러기 위해서는 1번홀 앞에 연습장이 있어야 합니다. 미국의 모든 골프장들은 천연잔디 연습장을 만들어 두고 있습니다. 물론 연습장 있다고 모두가 연습하는 것은 아닙니다. 하지만 정말 진지한 골퍼들에게, 충분히 준비할 수 있는 기회를 제공하는 것은 기본적인 예의입니다.

대한한국의 많은 골프장들은 연습장을 갖추고 있지 않습니다. 뭐... 골프장마다 나름 이유가 있다고 봅니다. 대신 진지한 골퍼들을 위한 기본적인 예의도 갖추지 않은 골프장들이 스스로를 '명문'이라고 부르지는 않았으면 하는 바람은 있습니다.

대신 골퍼가 할 수 있는 일은 두 가지 입니다. 하나는 연습장이 있었으면 좋겠다는 의견을 귀찮을 정도로 표시하는 방법입니다. 또 하나는 연습장이 있는 골프장을 자주 이용하면서 매출을 올려주는 방법이 있습니다. 비즈니스로서의 골프장은 매출 앞에 장사 없습니다.

3) 허세와 견제의 문화는 거부해도 된다.

가끔은 1번홀 앞의 연습장이 텅텅 비어 있는 모습을 봅니다. 왜 그럴까? 같이 커피 마시고, 환담하는 것이 일반적인 문화일 수 있습니다. 어쩌면 골프에 숙련된 고수들이, 연습스윙 몇 번으로 충분히 준비가 되는 고수들이 만든 견제와 허세의 문화가 지배하기 때문인지도 모릅니다. 연습한다고 뭐가 달라지겠어... 하는 마음일 수도 있습니다. 그럼에도 불구하고 본인이 필요하다 느끼면 일찍 와서 연습하시면 됩니다^^

4) 1번홀에 대한 기대수준을 낮춰야 한다.

1번홀 시작하기 전, 연습할 공간도 없고 연습할 문화도 아니라면, 그런 상황에 맞게 적응해야 합니다. 우선 기대수준을 낮춰야 합니다. 아직 준비되지 않았는데, 1번홀부터 최고의 샷이 나오지는 않습니다.

개인적으로 1~3번홀 까지는 의식적으로 한 클럽을 더 잡습니다. 컨디션을 봐가며 원래의 클럽선택으로 되돌아 옵니다. 평소에 아무리 자신있는 거리라도, 1번홀에서는 그린에 올라가지 못하고 웨지를 사용하는 상황을 쉽게 받아들입니다.

5) 1번홀에 필요한 샷들을 미리 그려보고 연습해야 한다.

1번홀에 필요한 샷들을 미리 생각해야 합니다. 게임플랜은 보수적이어야 합니다. 반드시 웨지도 포함되어 있어야 하고, 공이 홀에 떨어지는 마지막 퍼팅까지 생각해봐야 합니다.

반드시 조금 일찍 나와야 합니다. 연습스윙을 해 봐야 합니다. 이왕이면 게임플랜에 따라 필요한 모든 클럽을 한~두번씩 연습스윙 해 보는 것이 좋습니다. 웨지와 퍼터, 포함입니다.

연습스윙은 단순히 몸을 푸는 것이 아닙니다. 1번홀을 가상으로 미리 플레이 해보는 멘탈시뮬레이션으로 진행하는 것이 필요합니다.

'드라이버-우드-웨지-퍼터-퍼터'라고 계획을 세웠으면 먼저 드라이버 몇 번 휘둘러봅니다. 공은 어디쯤 갔을 거야… 그려봅니다. 그리고 우드를 몇 번 휘둘러봅니다. 어차피 그린을 노리는 것 아니니까, 정확하게… 만 신경쓰면서 몇 번 휘둘러봅니다. 그린주변에서 남은 거리를 생각하면서 웨지를 몇 번 휘둘러 봅니다. 퍼팅 스트록도 연습합니다. 1번홀에 올라서기 전에 그렇게 1번홀을 처음 부터 끝까지 머리 속에서 몇 번 왔다 갔다 해 보면 됩니다.

절대로 스윙을 점검하지는 마시기 바랍니다. 도움되지 않습니다. 구질을 보기 전에는 무엇이 문제인지 알 수 없습니다. 그냥 템포와 피니쉬에서의 밸런스 정도만 점검하시면 됩니다.

6) 필드에 서면 늘 하듯이 한다.

필요한 것들을 미리 챙기시기 바랍니다. 장갑, 공, 티, 마커, 그리고 물. 물 한 모금 마시고, 장갑 끼고, 차례가 되면 심호흡 하고, 늘 하듯이 시작합니다. **한두번 해본 것도 아닌데^^**

2. 어쩌다 79타?

"79타라고 하면 제일 먼저 무엇이 떠오르세요?"
"흠... 그것 믿어도 될까... 라는 생각이 먼저 드네요.
우리나라에서는 멀리건도 주고, OK도 많이 주잖아요.
저도 베스트는 80이지만, 평소에는 늘 90대를 오르내려요.
그 날 하루 어쩌다 잘 맞아서 80타를 친 것 같아요."

책 제목을 **[79타의 비밀]**로 정한 이후, 처음 나간 라운드에서 동반자분과 나눴던 대화의 일부입니다.

1) 믿을 수 있는가?

멀리건 받았고, OK도 받았는데... 끝나고 보니 79타였습니다. 이건 79타일까요, 아닐까요? 그건 본인에게 달린 것입니다. 본인이 79타라고 하면 79타인 것이고, 아니면 아닌 것이지요.

대신 한번 싱글쳤다고 선언하고 나면, 웬만해서는 멀리건도, OK도 잘 안 줍니다. 그러니 다시 한번 더 70대 점수를 기록하고 싶으면, 그 만큼 실력을 더 갖춰야 합니다. 아니면 그냥 한번의 아름다운 추억으로 만족하며 지내도 됩니다.

2) 꼭 다시 무너지는 이유

어느 날 70대 점수를 기록합니다. 그 후 꾸준히 70대 점수를 유지하는 분들도 있습니다. 79타를 위해 필요한 조건들을 다 준비하고 올라오신 분들입니다. 그런 분이 많지는 않습니다.

대부분은 어느 날 70대 점수를 기록합니다. 그리고 무너지기 시작합니다. 100타를 넘길 때 까지 무너지기도 합니다. 바로 다음 라운드에서 100타를 넘기기도 합니다. 그렇게 바닥을 한번 보고 다시 올라오기 시작합니다. 왜 그럴까요?

가장 먼저 점수의 편차라는 측면에서 생각해 볼 수 있습니다. 항상 일정한 점수를 기록하는 사람은 없습니다. PGA투어선수들도 하루는 -7을 치고 다음날은 +7을 기록하기도 합니다. 점수의 편차는 늘 있기 마련입니다.

평균 88타 정도의 실력을 가진 분이라면, 모든 것이 맞아 떨어진 어느 날, 충분히 79타를 기록할 수 있습니다. 평균 88타 정도면, 경기가 정말로 안 풀리는 날이면 100타도 기록할 수 있습니다. 홀의 위치만 조금 변경해도 가능한 현상입니다.

점수의 편차로 설명하기에는 한계가 있는 경우도 있습니다. 오르락 내리락 하는 것이 아니라, 일방적으로 무너지는 경우도 많기 때문입니다. 대부분은 기대수준의 변화에 따른 부담감에서 발생한다고 보면 됩니다.

한번 79타를 쳤습니다. '싱글'이라는 훈장을 받습니다. 기분 좋습니다. 자부심이 생깁니다. 스스로에 대한 기대수준이 올라갑니다. 다음 라운드에서도 싱글 할 것 같습니다. 그런데 평소 수준의 플레이가 나왔습니다. 예전 같으면 아무 문제 없이 받아들였을 결과인데, 이제는 받아들이기 너무 힘듭니다. 나 싱글 쳤던 사람이야… 멋있게 만회하고 싶어집니다. 할 수 있을 것 같습니다. 왜? 난 싱글쳤던 사람이니까… 조급합니다. 힘들어갑니다. 실수합니다. 민망합니다. 화납니다. 싱글치던 날은 눈 감고도 했는데, 왜 이러지… 다음 샷은 더 부담됩니다. 그렇게 무너지기 시작하면, 그 다음 라운드도 또 부담됩니다.

시간이 지나고, 그 날의 79타는 우연히 찾아온 아름다운 추억임을 인정합니다. 그리고 현재의 실력은 다시 90대 정도라는 것을 받아들입니다. 그렇게 다시 마음의 평화를 찾습니다.

그렇다면 한 번의 79타는 정말 우연히 찾아온 아름다운 추억으로 끝나는 것일까요?

3) 다시 70대로 돌아올 수 있을까?

평소보다 높은 수준의 플레이를 우연히 한번 경험했습니다. 그런 경험을 한번 해 본 것과 해 보지 않은 것은 큰 차이를 만듭니다. 0과 1의 차이는 수학에서는 무한대의 차이입니다.

곰곰이 생각해 보면, 평소와는 뭐가 다른지 알 수 있습니다. 그 날의 느낌을 일상적인 것으로 만들어 가야 합니다. 무엇을 얼마나 더 연습해야 하는지 파악할 수 있습니다. 모든 개선은 그곳에서 시작됩니다. 79타의 조건들을 갖춰가는 것입니다.

한 번 해 본 것이기 때문에 다시 하기는 쉽습니다. 처음 가는 여행길이 어렵지, 한번 가 본 길을 다시 가는 것은 두려움이 덜 합니다. 그리고 다시 길을 찾는 과정이 더 재미있습니다. 예전에는 못 봤던 새로운 것들이 보이기 때문입니다.

이제는 제대로 준비합니다. 차근차근 79타의 조건을 갖춰갑니다. 그렇게 해서 다시 79타로 들어오면, 이제 웬만해서는 무너지지 않습니다. 70대 점수를 한번 기록해 본 사람에서, 70대를 자주 기록하는 사람으로, 나갈 때 마다 70대를 기록하는 사람으로 발전할 수 있습니다. 좌절하지 마시고 힘!!!

3. 언더파 이야기

70대를 한번 기록해 봤습니다. 그 날 이후 쭉~ 70대를 기록하기도 합니다. 아니면 한 번 무너졌다가 다시 돌아오기도 합니다. 다시 70대를 기록한 사람이 되었습니다. 자주 70대를 기록하는 사람이 되었습니다. 쭉~ 70대를 기록하는 사람이 되었습니다. 여기서 끝일까요?

사람의 욕심은 끝이 없습니다. 그 정도면, 이븐파와 언더파가 생각나는 것이 정상입니다. 자~ 이제 어떻게 해야 할까요?

71타의 경기구성을 살펴보면 다음과 같습니다.
- **버디 4개** / 파 11개 / 보기 3개 / **더블보기 0개**
- 필드플레이 42타 = 36타 + 6타
  GIR 12개 / GIR+1 6개 / **GIR+2 0개**
- **퍼팅 29타** = 36타 − 7타
  1퍼팅 8개 / 2퍼팅 9개 / 3퍼팅 1개

79타와 비교하면 필드에서 4타, 퍼팅에서 4타 줄어야 합니다.
- 필드플레이 : 46 − 42 = 4타
- 퍼팅 : 33 − 29 = 4타

경기운영모델도 확장되어야 합니다.
- 파1지역은 2m → 2.5m 로 넓어져야 합니다.
- 파2지역도 20m → 30m로 넓어져야 합니다.
- 파3지역도 150m → 180m로 넓어져야 합니다.

경기운영의 목표도 달라집니다.
- 더블보기를 없애야 합니다. 스코어카드는 -1,0,1로 이루어진 디지털스코어 카드가 됩니다.
- 4개의 버디가 필요합니다. 특히 파5홀에서의 적극적인 운영이 요구됩니다.

자~ 이제 어떤 노력을 해야 할까요?

1) 이제 거리가 필요하다.

화이트티에서 79타를 기록하는 과정에서는 그렇게 긴 거리가 필요한 것은 아닙니다. 150m를 정확하게 보낼 수 있으면 됩니다. 언더를 기록하고 싶다면 180m를 정확하게 보내야 합니다. 죽지 않고 똑바로 날아가는 우드가 필요합니다.

아마 필드샷을 180m 날려보내는 것 자체가 어렵지는 않을 것입니다. 달성해야 하는 과제는 칠 때마다 죽지 않고 똑바로 날아가야 한다는 점입니다. 무엇이 필요할까요?

간단합니다. 우드에 익숙해져야 합니다.

① 우드의 거리를 정해야 합니다. '무조건 멀리'가 아닙니다. 아이언 다루듯 180m, 190m, 200m 같은 정확한 거리를 설정해야 합니다.

② 충분히 연습 해야 합니다. 연습장가면 이제 드라이버보다 우드를 더 많이 연습해야 할 지도 모릅니다.

③ 실전에서 자주 사용해야 합니다. 필요하면 가방에서 드라이버를 빼버려도 됩니다. 우드로 티샷하고, 기회 있을 때마다 필드샷 하면, 라운드마다 20회 이상 사용할 수 있습니다. 그렇게 익숙해져야 합니다.

2) 파5의 과감한 공략이 필요하다.

71타는 평균 4개의 버디를 기록합니다. 그 중 2개가 파5홀입니다. 파5홀의 공략이 언더파로 가는 위해서는 중요합니다. 79타를 위해서는 안정적인 경기운영이 무엇보다 필요합니다. 그래서 파5홀에서 우드를 빼 버립니다. 언더파가 목적이라면 이제 파5홀에서의 우드는 필수입니다.

파5홀 두번째 샷의 목표는 그린이 아닙니다. 죽지 않고 파2 지역까지 이동하는 것이 목표입니다. 그렇게 슈퍼세이브 하나를 확보하는 것이 목표입니다. 파5를 파4로 전환하는 것이 목표입니다. 4홀 중 2홀만 성공해도 됩니다.

3) 칼 같은 웨지가 필요하다.

89타를 위해서는 웨지로 친 공이 그린에 올라가는 실력이면 충분합니다. 79타를 위해서는 20m 이내에서는 홀에 붙이는 능력이 필요합니다. 71타를 위해서는 30m 이내에서는 확률적으로 2.5m 이내에 떨어져야 합니다. 이제 웨지를 잡았으면 자신 있게 깃발을 목표로 샷을 할 수 있어야 합니다.

4) 유연한 공수조절이 필요하다.

더블보기가 없어야 합니다. 공이 죽는 일이 없어야 합니다. 일단 티샷을 안정적으로 운영합니다. 기회가 오면 공격적으로 나섭니다. 위기가 닥치면 바로 수비로 전환합니다. 빠른 공수전환, 안정적인 수비를 바탕으로 한 역습, 필승조 운영을 통한 승리방정식. 이런 말들은 축구/야구에만 존재하는 것은 아닙니다. 79타를 이루는 과정에서 안정적 경기운영능력을 철저하게 익혀두어야 합니다. 그럼 이제 공격할 수 있습니다.

4. 다시 왼쪽 OB, 오른쪽 물

"17번홀 버디를 기록하면서 총 +6를 기록했습니다. 18번홀 보기만 해도 생애 첫 번째 79타입니다. 티샷을 하려고 보니 좁은 페어웨이에 왼쪽은 OB, 오른쪽은 물입니다. 자~ 어떻게 하시겠습니까?"

① '잘 친다' 형
② '7번 아이언으로 친다' 형
③ '물보고 친다' 형

④ '멀리 본다' 형

물과 OB를 지나, 아예 도달 할 수 없는 훨씬 더 먼 곳을 바라본다는 대답입니다. 그렇게 위험요소를 마음 속에서 지워버리는 방법입니다. 몇 몇 투어선수들로부터 이 대답을 들었던 기억이 있습니다. 저로서는 '아~ 이런 방법도 있구나!!!'하고 놀랐던 순간이었습니다.

⑤ '그냥 친다' 형

멘탈갑들의 대답입니다. 이것 저것 해봐도 의미 없을 수 있습니다. 이것 저것 시도하는 것 자체가 마음이 흔들린다는 반증일 뿐입니다. 이런 저런 시도도 오직 해 본 사람들만이 할 수 있습니다. 7번 아이언 티샷도 처음 해 보면 망하기도 합니다.

'그냥 친다'의 기본은 **'잃을 것이 없다'**입니다. 공이 물에 빠진다고, OB가 난다고, 지구가 망하는 것도 아닌데... 내기에서 지면 돈 주면 되고, 이번에 못하면 다음에 하면 되지... **그냥 하던 대로... 그것이 가장 편하다.** 잃을 것이 없으니, 두려울 것도 없는 상태입니다. 그것이 **'그냥 친다'** 입니다.

4. 감사의 글

원고를 마무리 하기까지 생각보다 많은 시간이 걸렸습니다. 제대로 알지도 못하면서 괜한 글을 쓰고 있는 것은 아닌지… 두려움도 많았습니다. 몇 번을 쓰다가 멈추고, 지우고 다시 쓸 수 밖에 없는 과정이었습니다. 다행히 많은 분의 도움으로 이제 마무리를 지을 수 있게 되었습니다.

제일 먼저 [79타의 비밀]이라는 제목을 썼습니다. '지피지기 백전불태'를 썼습니다. 비밀발설자를 썼습니다. 그리고 오랫동안 아무런 글도 쓰지 못하고 있었습니다. 그때의 답답함을 뚫어준 것이 카카오VX가 제공해 주신 통계자료들이었습니다. 첫 번째 그래프가 나오면서 모든 이야기가 시작될 수 있었습니다. 카카오VX의 **문태식 대표님, 이광준님** 감사합니다.

지난 10년간 정말 많은 분들과 골프에 관해 이런저런 대화를 나눴습니다. 이 책 내용의 대부분은 그 대화를 바탕으로 하고 있습니다. 많은 분들의 골프경험에서 우러나온 지혜를 제가 글로 정리했을 뿐입니다. 특히 책을 쓰던 시기에 나눴던 대화에서 직접적인 도움을 많이 받았습니다. **김형철님, 김홍강님, 문명희님, 배준식님, 송귀미님, 송승헌님, 송홍엽님, 윤동찬님, 이철님, 정기운님, 최성숙님, 허태현님** 감사합니다.

박광철님. 같이 나눈 대화와 보내주신 이메일이 구찌란 무엇인가를 정리하는데 큰 도움이 되었습니다. 감사합니다.

이수연님. 밤늦게 글을 쓰고 있으면 늘 격려해주셨지요. 마음의 흐름을 정리하는데 큰 도움을 받았습니다. 감사합니다.

이경희님. 항상 들려주시는 본인의 골프이야기와 잘 정리된 엑셀자료가 마법 같은 힘을 저에게 주었습니다. 감사합니다.

이경연님. 작가의 문체가 상당히 거칠고 투박합니다. 문장을 깔끔하게 다듬는데 많은 도움을 받았습니다. 감사합니다.

이 책은 많은 독자님들의 후원 덕분에 제작될 수 있었습니다. **김병용님, 김영진님, 김재곤님, 김종율님, 김창환님, 남영욱님, 박상철님, 손영규님, 안은희님, 정경찬님** 감사합니다.

바쁜 고3이지만 아빠 부탁에 예쁜 그림 그려준 첫째 딸, **서영**. 아빠 힘내라고 어깨 토닥 해준 둘째 딸, **세원**. 모두 고마워. 그리고 **다영**. 항상 고마워요^^

그리고 이 책을 읽어주신 모든 독자님, **감사합니다.** 보시고 궁금한 것 있으시면 언제라도 연락 주시기 바랍니다.

kpgs@naver.com

KPGS BOOK STORE

http://kpgs.net

[126타에서 70타까지]

나이 서른여섯에 떠나는 미국 골프유학

2007.9.10

30,000원

[퍼팅의 비밀]

10타를 줄이는 가장 빠른 방법

2016.7.18

18,000원

[스윙의 비밀]

거리와 방향은 동시에 개선된다

2017.1.19

18,000원

[웨지의 비밀]

One Shot One Kill

2017.9.1

18,000원

[79타의 비밀]

지피지기 백전불태

2018.5.1

18,000원

79타의 비밀

발행일	2018년 5월 1일

지은이	박경호
그　림	박서영
발행인	박경호
발행처	㈜케빈박골프스쿨
등록번호	제313-2009-33호
ISBN	978-89-962702-7-0
이메일	kpgs@naver.com
연락처	010-4922-3643
구매처	http://kpgs.net

정　가	18,000원

❖ 이 책의 저작권은 저자에게 있습니다.
❖ 저자와의 합의하에 인지는 생략합니다.
❖ 저자의 동의 없이 무단으로 전제하거나 복제하여 사용할 수 없습니다.